JULIEN BACKHAUS

WIR BRAUCHEN MACHER

JULIEN BACKHAUS

WIR BRAUCHEN MACHER

UNTERNEHMER RETTEN DIE WELT

DEUTSCHER
WIRTSCHAFTSBUCH
VERLAG

Bibliografische Information der Deutschen Nationalbibliothek
Die Deutsche Nationalbibliothek verzeichnet diese Publikation in der Deutschen Nationalbibliografie; detaillierte bibliografische Daten sind im Internet über dnb.dnb.de abrufbar.

Wir freuen uns auf eure Anregungen und Fragen
info@deutscherwirtschaftsbuchverlag.com

Wichtiger Hinweis
Die im Buch veröffentlichten Empfehlungen wurden von Verfasser und Verlag erarbeitet und geprüft. Der Inhalt dieses Buches beruht ausschließlich auf den persönlichen Erfahrungen des Autors und erhebt keinen wissenschaftlichen Anspruch. Die benutzten Begrifflichkeiten sind wertfrei. Eine Garantie kann dennoch nicht übernommen werden. Ebenso ist die Haftung des Verfassers bzw. des Verlages und seiner Beauftragten für Personen-, Sach- und Vermögensschäden ausgeschlossen.

Originalausgabe
1. Auflage 2025

Christoph-Rodt-Straße 11, 86476 Neuburg an der Kammel
www.deutscherwirtschaftsbuchverlag.com

Auch wenn eine gendergerechte Sprache wünschenswert ist, gibt es aus Sicht des Verlages bisher keine befriedigende, gut lesbare Lösung. Der leichten Lesbarkeit zuliebe haben wir des Öfteren von der Doppelung männlicher und weiblicher Formen Abstand genommen. Selbstverständlich liegt es uns fern, dadurch einen Teil der Bevölkerung zu diskriminieren.

Satz: inpunkt[w]o, Wilnsdorf (www.inpunktwo.de)
Korrektorat: Christiane Otto
Cover- und Umschlaggestaltung: www.b3k-design.de, © 2025 Andrea Schneider & diceindustries
Coverfoto: © Mathias Binder

Druck: GGP Media GmbH, Pößneck
Printed in the EU

ISBN Print: 978-3- 69066-003-7
ISBN E-Book (PDF): 978-3- 69066-005-1
ISBN E-Book (EPUB, Mobi): 978-3-69066-004-4

Inhalt

Teil 3: So werden SIE zum Unternehmer!

Vorwort von Frank Thelen

Wir brauchen Unternehmerhelden

In deutschen Medien und Köpfen hält sich hartnäckig das Bild des *bösen Unternehmers*. Dieses verzerrte Narrativ bremst unseren Wirtschaftsstandort, blockiert Innovationen und schadet unserem Land. Während Gründer in anderen Ländern als Vorbilder gefeiert werden, stoßen sie hierzulande viel zu oft auf Misstrauen und Widerstände. Selbst beliebte Serien wie der ARD-Tatort stilisieren Unternehmer zu Betrügern und Bösewichten – ein Klischee, das weit entfernt von der Realität ist.

Denn wer, wenn nicht Unternehmer, lösen die drängenden Probleme unserer Zeit? Sie sind es, die Risiken eingehen, Jobs schaffen und Technologien entwickeln, die unseren Alltag verbessern. Ohne ihren Mut gäbe es kein Tesla, kein Amazon, kein Apple. Doch wo sind unsere europäischen Unternehmerhelden? Wer inspiriert uns, selbst anzupacken und Großes zu wagen? Nach Porsche, Siemens und SAP gab es keine neuen, internationalen *Helden*.

Wir stehen vor gewaltigen Herausforderungen: Klimawandel, Digitalisierung, globaler Wettbewerb. Der Status quo reicht nicht mehr aus. Wir brauchen Menschen, die aus Ideen Produkte formen und Rückschläge als Antrieb für noch größere Ziele nutzen. Wir brauchen mehr Gründer, die sich weder von Bürokratie noch von Vorurteilen bremsen lassen. Unternehmertum darf kein Schimpfwort sein, sondern muss als Motor für Wohlstand und Fortschritt verstanden werden.

Dieses Buch ist eine Hommage an die Macher – an all jene, die Risiken auf sich nehmen, um unsere Welt zu gestalten. Es zeigt, warum wir ein neues Narrativ brauchen und wie Unternehmer zu echten Helden unserer Zukunft werden können. Europa hat das Potenzial für großartige Innovationen. Lasst es uns entfesseln und das veraltete Bild vom *bösen Unternehmer* endgültig hinter uns lassen.

Die Welt gehört nicht den Kritikern. Sie gehört den mutigen Machern.

Frank Thelen

1
Einleitung

Bekenntnisse eines Egoisten

Ich persönlich hatte nie das Ziel, die Welt zu retten. Ich habe meine Karriere und mein Unternehmen nur aus egoistischen Beweggründen heraus aufgebaut. Das trifft zwar auf die Mehrzahl der Unternehmer zu, ich bin aber einer der wenigen, die auch öffentlich dazu stehen. Weil ich den Begriff Egoismus rein gar nicht verwerflich finde. Zum ersten Mal habe ich 2019 ganz beiläufig darüber in einem YouTube-Video gesprochen. Das hat zu mehreren Anfragen durch die Medien geführt. Unter anderem hat mich die ARD zu ihrer Talkshow *Nachtcafé* im SWR eingeladen, in der das Thema Egoismus behandelt werden sollte. In den Kommentaren zur Sendung hagelte es erwartungsgemäß viel Kritik zu meiner Person. In der Folge kamen weitere Einladungen von ARD und Privatsendern hinzu. Weil ich merkte, wie negativ die Bewertung des Egoismus in der Gesellschaft war, schrieb ich ein Buch darüber. *EGO – Gewinner sind gute Egoisten* (FBV) war der Titel. Darin beschreibe ich, dass wir alle als Egoisten geboren werden. Später werden wir gesellschaftlich immer mehr zur Anpassung gedrängt. Ich glaube hingegen, dass die Fokussierung auf die eigenen Ziele und eine gewisse Rücksichtslosigkeit besser sind. Und zwar für alle Mitglieder der Gesellschaft. Wenn Sie also etwas besonders gut können, sollten Sie sich da voll hineinsteigern. Ob Künstler oder Unternehmer, die ganze Gesellschaft wird davon unweigerlich profitieren. Auch Rücksichtslosigkeit hilft zu einem gewissen Grad, denn wenn Sie auf alle Befindlichkeiten der Menschen Rücksicht nehmen wollen, werden Sie niemals etwas voranbringen. Das müssen selbst idealistische Politiker einsehen. Apropos Idealismus: Es gibt Unternehmer, die – zumindest offenkundig – einem Ideal folgen. Sie wollen tatsächlich die Welt retten. Elon Musk will mit seinen Elektroautos und seinen Solarpaneelen die Welt vor fossiler Energie retten. Bill Gates will dies mit neuer Kernenergie erreichen. Ich möchte Ihnen zurufen: Auch wenn Sie keine Weltrettungsfantasien haben, werden Sie als Unternehmer unweigerlich ein Stück zu einer besseren Welt beitragen. Ich hatte, wie gesagt, keine Absichten, die Welt zu retten. Ich wollte und will auch keinen Weltkonzern aufbauen. Ich wollte auch nichts Bahnbrechendes erfinden. Meine Unternehmen halten zwar ein paar Patente und Schutzrechte, aber für banale Dinge. Ich wollte meiner kreativen Leidenschaft nachgehen und frei von äußeren Zwängen arbeiten. Darum hatte ich mich selbstständig gemacht. Trotzdem habe ich die Welt im Laufe der Jahre ein Stückchen besser gemacht und ein wenig zu ihrer Rettung beigetragen. Über die Zeit habe ich rund 100 Menschen eingestellt. Für viele davon war es ein Karriereschub und einige davon haben sich später selber selbstständig gemacht. Darüber hinaus habe ich Steuern und Sozialabgaben gezahlt, auf die der Staat angewiesen ist. Wir haben jungen Menschen eine Berufsausbildung ermöglicht. Allesamt haben übrigens mit hervorragenden Abschlusszeugnissen abgeschnitten. Als Unternehmen sind wir logischerweise Kunde bei vielen anderen Unternehmen, Selbstständigen und Freiberuflern. Das alles kostet uns Millionen. Mit unseren Presseprodukten informieren und unterhalten wir Menschen überall auf der Welt. Die freie Presse ist schließlich eine wichtige Säule der Gesellschaft. Mit meinen Büchern konnte ich viele Leben zum Positiven beeinflussen, wie mir unzählige Zuschriften bestätigten. Weil ich als Unternehmer auf andere Menschen angewiesen bin, um meine egoistischen Ziele zu erreichen, verbessere ich gleichzeitig die Welt. Das klingt nach einer einfachen Gleichung. Sie geht aber auf.

Der schlechte Ruf der Unternehmer

Unternehmen und damit auch ihre Unternehmer genießen keinen guten Ruf in der Gesellschaft. Das liegt nicht zuletzt daran, dass auch die Medien gerne das düstere Bild des gierigen und rücksichtslosen Unternehmers zeichnen. Daniela Katzenberger antwortete mir einmal auf die Frage, ob sie als Unternehmerin noch mehr aufbauen möchte: »Ja, noch einiges. Aber ich glaube, wenn man das öffentlich sagt, wirkt das schnell gierig.«[1] Diese Aussage sagt einiges darüber aus, wie heutzutage auf Unternehmer geblickt wird. Und das ist kein deutsches oder europäisches Phänomen. Weltweit sind in Krimi-Serien, Romanen oder Fernsehdokumentationen oft die Unternehmer die Schurken oder Unmenschen. Das Wissensmagazin *Welt der Wunder* titelte in seiner Coverstory im Dezember 2023 »Die gefährlichsten Konzerne der Welt«. Solche Überschriften lösen beim Betrachter unweigerlich das Gefühl aus, dass mit Unternehmern irgendwas nicht stimmt. Sie leiten Giftmüll in den Fluss, beuten Arbeitnehmer aus und gefährden Tag um Tag den Fortbestand der Zivilisation. Bei nüchterner Betrachtung trifft natürlich genau das Gegenteil zu. Menschen weltweit haben vom wirtschaftlichen Aufschwung profitiert. Die Quote absoluter Armut sank auf ein historisches Minimum. Menschen werden älter und atmen sauberere Luft.

Dennoch gibt es zweifelsohne Unternehmer, die Mörder sind, die Umwelt verschmutzen und Menschen unfair behandeln. Das hat allerdings nichts mit der Berufsgruppe der

Selbstständigen zu tun. Denn diese Verwerfungen finden Sie ebenso bei Lehrern, Ärzten oder Politikern. Und ebenso, wie wenn ein Arzt absichtlich seine Patienten tötet, greift die Presse eine solche Geschichte auf. Negatives beziehungsweise Sensationelles hat psychologisch betrachtet einen höheren Wert für das menschliche Gehirn. Man nimmt Horrorgeschichten sehr viel sensibler wahr. Und merkt sie sich auch besser. Das ändert aber nichts an den Fakten, dass die Mehrzahl der Geschehnisse weltweit jeden Tag positiv ist. Nahezu alle Flugzeuge, die starten, landen auch wieder sicher. Dasselbe gilt für den Autoverkehr oder für Operationen im Krankenhaus. Aber wenn nun mal ein Flugzeug abstürzt, ist das eine Sensation. Und nicht wenige Leute stornieren ihren nächsten Flug – was völlig unlogisch ist. In seinem Gastkommentar für die *Neue Zürcher Zeitung* schrieb der Direktor für wirtschaftspolitische Studien am American Enterprise Institute in Washington, Michael R. Strain, dass die Welt mehr Milliardäre brauche, nicht weniger. Dabei geht er davon aus, dass Milliardäre in der Regel Unternehmer sind. Er schreibt: »Innovative Milliardäre schaffen einen enormen Wert für die Gesellschaft. Der Wirtschaftsnobelpreisträger William D. Nordhaus stellte 2004 in einer Studie fest, dass ›nur ein winziger Bruchteil der sozialen Erträge des technologischen Fortschritts‹ den Innovatoren selbst zugutekomme (etwa 2,2 Prozent). Der Rest, das heisst fast der gesamte Nutzen, gehe an die Verbraucher. Das Vermögen des Amazon-Gründers Jeff Bezos beläuft sich gemäß dem Bloomberg-Billionaires-Index auf ungefähr 170 Milliarden Dollar (zum Zeitpunkt der Veröffentlichung des Artikels, Anm. d. Autors). Wenn man die Ergebnisse von Nordhaus hochrechnet, könnte man zu dem Schluss kommen, dass Bezos mehr als 8 Billionen Dollar an Gegenwert für die Gesellschaft geschaffen hat.«[2] Übrigens stand das Vermögen von Bezos Ende 2024 schon bei 246 Milliarden Dollar. Verständlicherweise verteufeln viele Menschen Unternehmer und ihre Firmen, wenn irgendwo auf der Welt wieder ein Umweltskandal passiert, in den eine Firma involviert ist. Aber die Mehrzahl der Unternehmen arbeitet trotzdem sozial verantwortlich, umwelt- und sicherheitsbewusst. Bestimmte Unternehmen zerstören vielleicht kleine Teile in der Welt. Und das ist in der Tat ein Skandal. Aber sie zerstören nicht die Welt. Die Unternehmen im Ganzen betrachtet retten die Welt.

*

Aber wie lange noch? Muss man wirklich wahnsinnig intelligent sein, um zu merken, dass Unternehmer, wenn sie weiter so abschätzig von Staat und Gesellschaft behandelt werden, vielleicht irgendwann einmal die Schnauze voll haben? Die Unternehmerin und Buchautorin Catharina Bruns schrieb in einem Gastbeitrag für die Tageszeitung *Die Welt:* »Der inhabergeführte Mittelstand, zu dem auch größere Familienunternehmen gehören, erträgt eine Menge an Misstrauens-Bürokratie und wirtschaftsfeindlichem Irrsinn. Davon auszugehen, dass es immer so weitergeht, sollte man allerdings nicht.«[3]

Bruns formuliert damit eine Warnung, die insbesondere Politiker nicht hören wollen. Man kann Unternehmer nicht dauerhaft schlecht behandeln und trotzdem erwarten, dass sie mehr Wachstum hervorbringen. Das hat gar nicht unbedingt etwas mit fehlender Wertschätzung zu tun – Unternehmer sind sehr leidensfähig. Aber ein Auto, dem eine Parkkralle angelegt wird, kann nun mal keine Rennen mehr fahren. In den vergangenen Jahren jedenfalls sank die Stimmung der Unternehmer von Jahr zu Jahr. Die Bereitschaft, ein eigenes Unternehmen zu gründen, sank ebenfalls. Die verbliebenen Unternehmer fragen sich zu Recht, wann es Zeit ist, die Reißleine zu ziehen und in wirtschaftsfreundlichere Staaten umzusiedeln? Politiker wissen das. Aber sie konnten sich in der

Vergangenheit darauf verlassen, dass es mit großen Hürden verbunden war, ein Unternehmen umzusiedeln. Ein Industriebetrieb passt nicht gerade in einen Reisekoffer. Aber die Zeiten haben sich verändert. Viele Unternehmen existieren heute vor allem in der Cloud, sind in der Informationstechnologie oder Dienstleistung zu Hause. Der Laptop mit virtueller Verbindung zum Server passt schon eher in einen Reisekoffer. Das war definitiv nicht immer so – wer vor gerade mal ein paar Jahrzehnten auf die Idee kam, sein Unternehmer-Köfferchen zu packen, der wäre nicht weit gekommen. Und wenn wir noch ein bisschen weiter zurückgehen, muss jeder von uns drei Kreuze machen, dass er im Hier und Jetzt lebt.

Die (nicht) gute, alte Zeit

Stellen Sie sich vor, Sie wachen morgens auf und es ist das Jahr 1725 – also 300 Jahre vor unserer Zeit. Die Lebensbedingungen waren unerträglich im vorindustriellen Zeitalter. Seitdem hat sich viel getan. Oder um es anders zu sagen: Seitdem haben Unternehmer viel getan.

Lebten Sie damals in einer Metropole wie Hamburg oder London, konnten Sie nicht einfach ins Bad gehen und den Wasserhahn aufdrehen. Wasserleitungen, die jedes Haus mit Wasser versorgen konnten, sollten erst ab den 1870er-Jahren verfügbar sein. Auch das Kanalisationssystem gab es noch nicht. Das erste in Europa wurde erst 1856 in Hamburg installiert. Man wusste zwar seit der Antike, wie Wasserversorgung und Abtransport funktionieren können. Aber niemand war in der Lage, präzise Rohre in großen Mengen herzustellen. Und es gab keine Möglichkeit, die Rohre um Ecken laufen zu lassen, um die verzweigten Gassen einer Stadt zu verbinden. Denn auch Flansche und Dichtungen waren noch nicht erfunden.

Darum wurden auch in modernen Städten noch immer viele Menschen von Krankheiten heimgesucht, die wegen der unhygienischen Zustände leichtes Spiel hatten. Die Sterblichkeitsrate war enorm hoch. Wenige Kinder überlebten nach der Geburt, die Erwachsenen starben früh. Es waren unschöne Zeiten. Und doch kündigte sich bald eine Revolution an. Die industrielle Revolution, die den Menschen in Lichtgeschwindigkeit Wohlstand, Gesundheit und Innovation brachte.

Maschinen und Apparaturen waren schon erfunden, als James Watt 1764 in England in Erscheinung trat. Er war ein Ingenieur aus Glasgow, dessen Neugier schon als Kind unbändig war. Er tüftelte an den ersten bereits erfundenen Dampfmaschinen herum, denn diese hatten einen riesigen Energieverbrauch (in Form brennender Kohle) und einen geringen Wirkungsgrad. Wie so oft in der Geschichte ist nicht die Erfindung an sich das Problem, sondern die Konstruktion und die verwendeten Materialien. Diese herzustellen, ist in der Regel teuer und für Tüftler nicht zu stemmen. Watt hatte eine Methode entwickelt, wie die Dampfmaschine einen höheren Wirkungsgrad aufweisen und dabei 60 Prozent weniger Energie verbrauchen würde. Doch er war pleite. Er fand einen Eisenfabrikanten, der in die Idee investierte. Zusammen beantragten sie ein Patent auf die Maschine. Anschließend gründete Watt mit dem Industrieunternehmer Matthew Boulton die Firma Boulton & Watt. Nun ging es richtig los. Sie begannen, die Maschinen an große Hersteller zu liefern. Plötzlich war die Industrie in der Lage, große Mengen benötigter Produkte herzustellen. Insbesondere solche, die vorher von Menschenhand nicht bewältigt werden konnten. Nun konnten auch große Rohre in hohen Stückzahlen produziert werden, um beispielsweise Kanalisation und Wasserversorgung in die Städte zu bringen. Eine neue Ära der Menschheitsgeschichte begann, die Fortschritt, Wohlstand und eine höhere Lebenserwartung zur Folge hatte. Dass freie Märkte und der

Kapitalismus den Menschen Wohlstand bringen würden, hatte schon ein alter Freund Watts prophezeit: Adam Smith, Autor von *Der Wohlstand der Nationen*. In den nächsten 200 Jahren ist auf der Welt mehr Gutes und Bahnbrechendes passiert als in den 200.000 Jahren Menschheitsgeschichte zuvor. Der Mensch wuchs plötzlich als Spezies über sich hinaus, denn er machte sich die (Dampf-)Maschine untertan. Ebenfalls in England wurde die erste Eisenbahn 1825 in Betrieb genommen. Man konnte nun auf dem Landweg große Distanzen überwinden und große Mengen an Gütern von A nach B bewegen. Ein Quantensprung vollzog sich in den Köpfen der Menschen. Alles schien möglich.1838 überquerten auch erstmals zwei Dampfschiffe den Atlantik. Jetzt konnten Menschen unbeschwert reisen und Wissen austauschen, in einer Schnelligkeit, die die Welt zuvor nicht kannte. Der Politikwissenschaftler Johan Norberg schreibt in seinem Buch *Open – Die Geschichte des menschlichen Fortschritts*, dass die Welt durch Offenheit und Kooperation erfolgreich wurde. Dadurch konnte die Globalisierung entstehen. In Zeiten der Abschottung hingegen litten die Länder. Indem wir von anderen Ländern lernen und Wohlstand durch Handel teilen, werden Menschen (auf der ganzen Welt!) heute älter als je zuvor. Sie leben gesünder als je zuvor. Mehr Kinder überleben die Geburt als je zuvor. Weniger Menschen sterben durch Naturkatastrophen als je zuvor. Mehr Menschen leben in Wohlstand als je zuvor. Wir haben dem modernen Zeitalter alles zu verdanken. Dennoch wächst die Kritik an der Globalisierung und dem freien Handel. Überhaupt sehen wir uns mit einer wachsenden Skepsis gegenüber dem Unternehmertum konfrontiert. Für mich ist das völlig unverständlich. Denn der Kapitalismus sorgt für die Wohlstandsvermehrung. Die Globalisierung sorgt für die weltweite Verteilung des Wohlstandes. Wer wahrhaft demokratisch und sozial handeln will, muss diese Prinzipien fördern, statt sie zu bekämpfen.

Noch während der Zeit des Nationalismus herrschte weltweit große Armut. Die Menschen waren unterernährt, krank und hatten eine geringe Lebenserwartung. Und zwar nicht einige, sondern die Mehrzahl. Auch in Europa war dies üblich. Nur kleine Enklaven, oft Hafenstädte, waren in der Lage, Wohlstand zu mehren. Zum Beispiel, weil sie grenzüberschreitenden Handel betreiben konnten. Sie konnten exotische Güter aus der ganzen Welt einschiffen und diese über den Landweg in alle Ecken des Kontinents transportieren. Die ersten Andeutungen von Globalisierung waren klar erkennbar.

Je freier die Unternehmer waren, unabhängig vom Staat ihre Geschäfte auszubauen, desto besser ging es den Menschen. Wurden die Unternehmen hingegen entmachtet und der Staat gab den Takt vor, führte dies zu den größten humanitären Katastrophen der Menschheitsgeschichte. Während der Herrschaft des Marxisten Mao Zedong im kommunistischen China, genauer gesagt während der unter dem Namen *Großer Sprung nach vorn* bekannten Kampagne, die von 1958 bis 1962 dauerte, starben nach Schätzungen bis zu 55 Millionen Menschen. Die Menschen verhungerten entweder oder wurden getötet. Planwirtschaft ist menschenfeindlich. Und trotzdem genießt der Kommunismus (und damit die Planwirtschaft) fast einen besseren Ruf als der Kapitalismus mit seinen freien Unternehmern. Das ist schon ein ganz kleines bisschen absurd.

Unternehmer retten die Welt

Ich sage es, wie es ist: Ohne Unternehmen ist alles nichts. Ein Staat, eine Gesellschaft braucht Unternehmen. Warum? Nehmen Sie die Unternehmen aus der Gleichung, geht sie nicht mehr auf. Ein Staat besteht aus mehreren Bereichen, die aus ihm letztlich einen funktionierenden und lebenswerten Flecken Erde machen.

Wirtschaft

Offensichtlich ist, dass der Bereich Wirtschaft nicht ohne Unternehmen funktioniert. Denn der Markt besteht aus zwei Seiten, dem Anbieter und dem Nachfrager. Die Anbieter sind Unternehmen, die Produkte oder Dienstleistungen anbieten. Die Nachfrager sind die Konsumenten, die die Produkte kaufen. Übrigens sind die Konsumenten auch aus einem weiteren Grund auf Unternehmen angewiesen. Denn die Unternehmen zahlen das Geld in Form von Löhnen und Gehältern aus, mit dem die Konsumenten einkaufen gehen. Natürlich gibt es auch Beamte und Angestellte im öffentlichen Dienst, die ihr Geld direkt vom Staat erhalten. Aber auch hier besteht ein wichtiger Zusammenhang mit Unternehmen. Selbst wenn der Staat zu 100 Prozent als Anbieter fungieren würde, gäbe es de facto Unternehmen, einmal davon abgesehen, dass der Staat der wahrscheinlich schlechteste Unternehmer überhaupt ist.

Verwaltung

Der Staat muss finanziert werden. Dies stellt er durch Steuereinnahmen und sonstige Abgaben sicher. Die Unternehmen müssen Steuern zahlen und die Abgaben ihrer Mitarbeiter abführen, damit der Staat seiner Pflicht nachkommen kann, ein funktionierendes Land bereitzustellen. Der Staat tritt in diesem Hinblick als Dienstleister für seine Bevölkerung auf. Dafür, dass jeder Steuern und Abgaben zahlt, gibt es eine Infrastruktur für Verkehr, Gesundheit, Bildung, ein Sicherheits- und Rechtswesen, ein Finanzsystem, ein Sozialsystem und so weiter und so fort. Um all das finanzieren zu können, müssen Unternehmen und ihre Mitarbeiter Steuern zahlen. Und solange das Gleichgewicht zwischen Abgaben und staatlicher Dienstleistung gewährt ist, wird dies auch toleriert. Aufstände gibt es in der Regel dann, wenn der Staat nur noch nimmt, aber nicht mehr gibt.

Der Staat ist aus einem weiteren Grund auf Unternehmen angewiesen. Um seine staatlichen Aufgaben zu erfüllen, ist er auf Produkte und Dienstleistungen der Wirtschaft angewiesen. Nehmen Sie nur mal die kleinste Einheit des Sicherheitsapparates: eine Polizeistation. Noch bevor ein Bauunternehmen das Gebäude errichten kann, muss ein Kanalbauunternehmen die Versorgungsleitungen verlegen. Der Bau des Gebäudes erfordert eine Vielzahl an Baumaterialien und Werkzeugen, die allesamt von Unternehmen stammen. Dann geht es weiter mit dem Innenausbau der Elektrik, den Fenstern, den Sanitäranlagen. Ist dies alles fertiggestellt, kommen Büromöbel, ein Waffenschrank, Computer, Telefon- und Funkanlagen dazu. Die Polizeiautos vor dem Haus stammen von Automobilherstellern. Allein ein Auto besteht aus 30.000 Einzelteilen, von denen 21.000 Teile von Zulieferfirmen stammen. Dann fehlen nur noch die Polizisten, die Dienstkleidung, eine Waffe, Handschellen und eine Taschenlampe tragen. Wirtschaft steckt einfach in jedem Detail des Staates. Und Sie können sich vorstellen, wie umfangreich eine solche Aufzählung wäre, ginge es um Universitätskliniken oder eine Autobahn.

Kultur

Auch wenn es viele Kulturschaffende nicht gerne zugeben: Sie sind ebenso stark auf die Wirtschaft und ihre Unternehmer angewiesen. Nehmen Sie Film oder Musik. Natürlich benötigen Sie einen fähigen Schauspieler beziehungsweise einen talentierten Musiker. Aber für die Produktion, die Aufführung und auch für den Vertrieb sind Künstler unbedingt auf Unternehmer und Selbstständige angewiesen. Von Anfang an zählt: ohne Finanzierung kein Film. Risikobereite Finanzierer stellen Geld zur Verfügung in der Hoffnung, dass der Film ein Erfolg wird. Die verschiedenen Verwertungsmodelle spielen dabei eine Rolle: Kino, Streaming (früher noch DVD) und Free-TV, allesamt betrieben von Unternehmern. Aber schon während der Produktion sind Dutzende oder gar Hunderte Unternehmen und Selbstständige beteiligt. Vom Kamera- und Lichtverleih über Kulissenbau, Kamera-, Licht- und Ton-Leute (die in vielen Fällen selbstständig sind) bis hin zu Maskenbildnerinnen, Caterern, Logistikfirmen, Anwaltskanzleien, Cuttern, Synchronsprechern (die fast immer selbstständig sind) und so weiter und so fort. Wie man es dreht und wendet, auch der Kulturbetrieb kommt ohne Unternehmer nicht aus.

Sie sehen: Alles, was einen stabilen Staat und eine funktionierende Gesellschaft ausmacht, ist in letzter Instanz von erfolgreichen Unternehmern abhängig. Einer der zeitweise reichsten Menschen der Welt, der US-Amerikaner John Paul Getty schrieb hierzu in seinem 1965 erschienenen Werk *How To Be Rich* passenderweise:

»Ich bin davon überzeugt, dass die Zukunft der amerikanischen Wirtschaft, des amerikanischen Volkes und tatsächlich der ganzen freien Welt darauf angewiesen ist, dass wir ein progressives und vorausschauendes freies Unternehmertum beibehalten. Geführt durch progressive und vorausschauende Unternehmer, die ihren Gewinn daraus ziehen, den Lebensstandard von jedermann zu erhöhen.«[4]

Das, was Getty sagt, stimmt. Und es war schon immer so. Selbst Jesus war Unternehmer. Zumindest im übertragenen Sinne. Er arbeitete zuerst wie sein Vater Joseph als Bauhandwerker. Später wurde er selbstständiger Prediger. Das *Produkt* dieses rebellischen Juden war innovativ. Denn er legte die jüdischen Schriften neu aus, was vielen Leuten gefiel. Er gewann immer neue Anhänger. Er legte den Grundstein für die größte Religion der Welt. Gottes Aufforderung, uns die Welt untertan zu machen (Genesis 1,28), folgt einer kapitalistischen Einstellung. Wir nutzen die Ressourcen der Natur und betreiben damit Wirtschaft. Die Idee des Fortschritts ist darin impliziert.

*

Zurück zu meiner These: Unternehmer retten die Welt. Ja, das tun sie. Nicht nur unsere Gesellschaft und den Staat, nein, sie retten die Welt. Und das ist nicht nur eine Behauptung, sondern das, was sich in unzähligen Gesprächen, die ich in den letzten Jahren mit anderen Unternehmerinnen und Unternehmern geführt habe, bestätigt hat. Dazu zählen Reinhold Messner, der nicht nur Abenteurer ist, sondern auch ein erfolgreicher Unternehmer. Wolfgang Grupp, der die deutsche Textilwirtschaft geprägt hat, wie kaum ein zweiter. Daniela Katzenberger, die sich ein Unterhaltungs- und Lifestyle-Imperium aufgebaut hat. Carmen und Robert Geiss, die neben ihrer TV-Produktion auch eine Textilfirma betreiben und große Erfolge im Immobiliengeschäft feiern. Philipp Plein, der es geschafft hat, eine der begehrtesten Modemarken der Welt zu kreieren. Dieter Bohlen, der wohl bekannteste Musikunternehmer Deutschlands. Harald Glööckler, der exzentrische Modedesigner. Ralf Dümmel, der mit seinen Produkten den deutschen Einzelhandel dominiert. Martin Kind, der deshalb ein so erfolgreicher Fußballmanager war, weil er über Jahrzehnte den Hörgeräte-Riesen KIND aufgebaut hat. Verona Pooth, die aus armen Verhältnissen kam, es aber durch ihren Optimismus ganz nach oben schaffte. Außerdem habe ich in meinem Umfeld prominente Experten und Akteure aus Politik, Wissenschaft und Wirtschaft direkt mit den Thesen in diesem Buch konfrontiert und sie um Stellungnahme gebeten. Dies soll Ihnen als Leser einen Blick hinter die Kulissen ermöglichen.

Teil 1: Kapitalismus und Unternehmertum

Warum Wettbewerb der zentrale Faktor einer funktionierenden Wirtschaft ist – und wie Unternehmer ticken

2
Kapitalismus – Das Beste, was der Welt je passiert ist

Wettbewerb ist der zentrale Faktor eines erfolgreichen Landes beziehungsweise einer globalisierten Welt. Nur wo Wettbewerb herrscht, können günstige Preise entstehen. Auch Produkte verbessern sich durch Wettbewerb, weil sich die Hersteller etwas ausdenken müssen, um den Kunden zu überzeugen, dieses Produkt zu kaufen, statt das der Konkurrenz. Wer faul ist, findet sich unmittelbar an der Seitenlinie wieder. Wettbewerb ist ein demokratisches Marktmodell, jeder darf mitmachen und sein Glück versuchen. Damit fordert er die anderen Marktteilnehmer heraus, und das System hält sich praktisch selbst in Schach. Und es ist ein Garant für eine Vielzahl neuer Arbeitsplätze und Aufstiegschancen. Denn die Hersteller müssen eine Armee von Mitarbeitern, Werbern, Logistikern, Händlern und Wissenschaftlern beschäftigen, um der Konkurrenz einen Schritt voraus zu sein. Und letztlich profitieren auch der Staat und seine Bürger, weil Steuereinnahmen und Sozialabgaben sprudeln. Die Basis all dessen ist im Kapitalismus das Recht auf Eigentum. Sie dürfen etwas aufbauen und es behalten und reich damit werden. Und Sie haben nicht nur selbst etwas davon, sondern der ganze Kreislauf profitiert von Ihrem Engagement, wie wir gerade gesehen haben.

*

Im Sozialismus hingegen gibt es all diese Vorteile und Rechte nicht. Der Staat besitzt alles und seine Bürger nichts. Es gibt keinen Wettbewerb und die Menschen sowie auch der Staat verarmen. Diese Staatsform hat in der Geschichte – bis heute – zu Elend und Hunger geführt. Sozialismus ist eine menschenfeindliche Idee, obwohl sie das Gegenteil behauptet. Wir sehen in vielen Ländern, auch in Europa, Tendenzen in Richtung Sozialismus. Die Europäische Union vertritt viele solche Positionen. Insbesondere die Grüne Transformation schließt viele Ideen und Konzepte von vornherein aus, wie man am Verbrennerverbot sah. In Deutschland wurden Atomkraftwerke ausgeschlossen, obwohl es längst innovative neue Konzepte gab und gibt, die diese Energiegewinnungsform auf ungefährlichere und nachhaltigere Beine stellt. Wenn die Ideologie den Wettbewerb beschneidet, entsteht eine Abwärtsspirale. Und Armut ist die Folge. In den meisten Fällen ist dies ein schleichender Prozess. Durch Inflation und Industrieabwanderung sinkt langsam der Lebensstandard, Steuereinnahmen fehlen, Infrastruktur wird nicht erneuert, die Staatsfinanzierung steht auf wackligen Beinen. Gefährlich wird es immer dann, wenn ein Point of no return droht. Dann haben extreme politische Parteien leichtes Spiel. In Argentinien, um ein Beispiel zu nennen, ist diese Entwicklung bisher glimpflich verlaufen. Denn das Land steckte mit seiner linken Politik und Korruption in einer tiefen Krise. Der ultralibertäre Professor Javier Milei gewann die Wahl mit einem drastischen Reformversprechen: Er werde Wohlstand ermöglichen, indem er den Staat bis auf ein Minimum zurückstutze, unnütze Ministerien und Vorschriften abschaffe, das Land für internationale Investitionen öffne und attraktiv mache. Außerdem wolle er die meisten Steuern abschaffen, damit die Menschen wieder Geld zur freien Verfügung hätten. In den ersten Monaten seiner Amtszeit war bereits ein starker Aufwärtstrend erkennbar, der das Land in den kommenden Jahren wieder nach vorne bringen kann. Denn wir dürfen nicht vergessen, dass Argentinien bis Anfang der 1950er-Jahre zu den reichsten Ländern der Welt gehörte. Das ist gleichzeitig eine Warnung an andere Länder. Wenn man sich auf seinen Lorbeeren ausruht und sozialistischen Gedanken die Türe öffnet, können schnell schlimme Dinge passieren. Oder eben langsam, was die schlimmeren Folgen hat.

*

Bevor der Kapitalismus Anfang 1800 langsam seinen Siegeszug antrat, lebten 90 Prozent der Menschheit in extremer Armut. Heute ist dieser Wert auf unter 10 Prozent gesunken. Der Historiker und Bestsellerautor Dr. Dr. Rainer Zitelmann weist in seinem Buch *Die 10 Irrtümer der Anti-Kapitalisten*, das in 30 Sprachen erschienen ist, darauf hin, dass seit in China und anderen Ländern die sozialistische Planwirtschaft abgeschafft wurde, die Armutsquote so stark zurückging wie in keiner Phase der Menschheitsgeschichte zuvor. Dass nun der Egoismus (Ego bedeutet nichts anderes als *ich* auf Lateinisch) einzelner Marktteilnehmer im Kapitalismus dafür sorgen soll, dass es allen besser geht, mag seltsam klingen. Aber genauso ist es. Zitelmann zitiert mich in seinem Buch, denn ich habe diesem Thema damals, wie gesagt, ein ganzes Buch gewidmet. Zitelmann schlussfolgert korrekt: »Totalitäre Ideologien wollen dieses ›Ich‹ kleinmachen, es soll sich dem ›Wir‹ unterordnen.« Dies waren auch die Maximen im Nationalsozialismus, erklärt Zitelmann. Aber wie wir alle wissen, ist der Mensch zu oft zu dumm, um aus der Geschichte zu lernen. Er wiederholt die Fehler der Vergangenheit immer gerne wieder, weil er glaubt, es dieses Mal anders zu machen. »Dieses Mal ist alles anders.« Und auch das ist ein gern formuliertes Argument vieler sozialistischer Politiker. Wenn man Sozialismus nur *richtig* praktiziere, ginge es allen besser. Eine gefährliche Lüge, der aber viele in ihrer Verzweiflung anhängen.

Doch eine Theorie ist nichts wert, wenn sie die Praxis nicht besteht. Die Lehren von Karl Marx lesen sich überzeugend. Auch wenn er ein unfreundlicher und unordentlicher Mensch gewesen sein soll, waren seine Ausdrucksweise und sein Verstand scharf. Sein Konzept des Sozialismus wurde in vielen Staaten der Welt ausprobiert und hatte katastrophale Folgen. Menschen hungerten, Kriminalität stieg und letztlich zerstörten sich die Staaten selbst. Man könnte nun behaupten – und das tun moderne Anhänger des Sozialismus, das Konzept wurde nur nicht richtig umgesetzt. Aber das ist kein gültiges Argument, denn menschliches Verhalten impliziert Fehler automatisch. Es gibt kein fehlerfrei von Menschen umgesetztes Konzept. Sie brauchen vielmehr ein System, das selbst bei untalentierter Anwendung erfolgreich besteht. So ist es mit dem Kapitalismus, den Adam Smith beschrieb. Das Recht auf Eigentum, das Recht auf Profitstreben, die Vorteile des Wettbewerbs. Selbst in Ländern, die das Konzept fehlerhaft anwenden, entsteht dennoch Wohlstand, steigen die Lebenserwartung und die Freiheit. Ganz im Gegensatz zum Sozialismus. Vereinfacht gesagt, kann man sich die Formel merken: Kapitalismus gleich Leben, Sozialismus gleich Tod. Ist also der Kapitalismus ein lupenreines Konzept? Keineswegs. Ein Teil der Menschen im Kapitalismus wie auch im Sozialismus lügt und betrügt. Nur dass das kapitalistische System diese Fehler mehr als ausgleicht.

*

Sam Walton hat mit Walmart den größten Einzelhändler der Welt geschaffen, mit einem Jahresumsatz von mehr als 600 Milliarden Dollar. Darunter versteht der Gründer sogar eine Art der Wohltätigkeit, wie er 1992 in seiner Autobiografie schrieb. Würde es sein Unternehmen schaffen, durch Effizienz den besten Preis an seine Kunden weiterzugeben, würden dadurch Milliarden von Dollar entstehen, die den Kunden zusätzlich in der Brieftasche blieben. Und diese hätten sie ohne sein Unternehmen nicht gehabt. Es ist also falsch, davon auszugehen, dass Unternehmer der Gesellschaft im Kapitalismus nichts zurückgeben. Die meisten Unternehmer sind sich ihrer gesellschaftlichen Verantwortung bewusst. Ein gutes Beispiel hierfür stellt Dietmar Hopp dar, der mir hierzu Folgendes sagte: »Das Stiftungswesen boomt seit den 90er Jahren, was erfreulich ist. Ich wünsche mir noch viele weitere Mitstreiter für die gute Sache. Für mich gilt: Eigentum verpflichtet – Reichtum noch mehr.«[5]

Zwei Schulfreunde aus dem ländlichen Amerika haben diese Idee noch weitergetrieben. Sie gründeten 1959 in Michigan ein Direktvertriebsunternehmen für Haushaltsprodukte. Ihre Idee war, gewöhnliche Menschen in den Vertrieb der Produkte einzubinden. Sie sollten die Waren direkt zum Endverbraucher bringen und die Handelsspanne behalten. Zudem sollten die Vertriebspartner eine Organisation aus weiteren Vertriebspartnern aufbauen dürfen. Der Größe der Organisation war durch den Dominoeffekt keine Grenze gesetzt. Der Vertriebspartner dürfte also theoretisch und auch praktisch Tausende oder gar Millionen von Partnern in seiner Organisation vereinen. Und an den entstandenen Umsätzen sollte jeder Verantwortliche, nach einem umsatzabhängigen Provisionsschlüssel, beteiligt sein. Das erste Multi-Level-Marketing (MLM)-Geschäft war geboren und breitete sich über die kommenden Jahre weltweit aus. Sogar im damals strikt kommunistischen China wurde es zugelassen. Die beiden Gründer Rich DeVos und Jay Van Andel haben mit Amway den größten MLM-Konzern der Welt geschaffen. So haben sie nicht nur Hunderte Milliarden Dollar Umsatz gemacht, sondern nach eigenen Angaben seit der Gründung auch über 63 Milliarden Dollar an Provisionen in rund 100 Ländern und Territorien ausbezahlt. Allerdings wurde die Unternehmensidee immer wieder auf eine harte Probe gestellt. Denn diese neuartige Form des Vertriebs und der Vergütung war innovativ – aber auch ungewöhnlich. Gerichte auf der ganzen Welt mussten sich mit der Frage beschäftigen, ob dieses Modell legal war. Der Vorwurf: Es ähnelt einem Pyramidensystem. Die Gründer fanden sich plötzlich in der Situation wieder, dass sie weltweit ihr Unternehmen verteidigen mussten. Sie glaubten an das freie Unternehmertum und dass auch Menschen ohne Kapital oder Vorbildung die Chance bekommen sollten, diese Form der Selbstständigkeit für sich zu nutzen. Ihr Kampf zahlte sich aus. Die Gerichte verstanden, dass jedes Produkt einen festen Preis hat und lediglich die feste Handelsspanne unter den Partnern aufgeteilt wird. Das Produkt wird nicht immer teurer, wie es bei einem Pyramidensystem der Fall wäre.

Das Unternehmen entwickelte sich stetig weiter, entwickelte Hunderte Produkte und mauserte sich zu einem Konsumgütergiganten, vom Kaffee über Zahnpaste bis zum Schokoriegel. Amway ging ins Internet, und das Geschäftsmodell wurde immer digitaler. Die Lieferungen erfolgten längst per Post. Gründer Rich DeVos, der mittlerweile auf der Forbes-Liste als einer der reichsten Menschen des Landes stand, kaufte die Basketballmannschaft Orlando Magic, bei der einer der erfolgreichsten Spieler der Geschichte seine NBA-Karriere begann: Shaquille O'Neal. Das Geschäftsmodell von Amway wurde in den folgenden Jahrzehnten unzählige Male kopiert, wodurch ein neuer Industriezweig entstand, der auf über 100 Milliarden Dollar im Jahr geschätzt wird. Und das, weil zwei Schulfreunde eine Idee hatten und sich bei der Umsetzung nicht aufhalten ließen.

Ich selbst hatte mich im zarten Alter von 18 Jahren von dieser Idee anstecken lassen. Noch während meiner Schulzeit wurde ich Geschäftspartner bei Amway und war elektrisiert von der Vorstellung, mein eigener Chef zu sein. Ich schaffte es recht schnell an die Spitze der Provisionstabelle. Dann wurde ich Silber-Partner, danach Gold-Partner und schließlich Platin-

Partner. In Deutschland sei ich der Jüngste gewesen, dem das je gelungen ist, sagte man mir. Abgesehen davon, dass ich für meine damaligen Verhältnisse erstaunlich viel Geld verdiente, war ich auch mächtig stolz auf mich. Das Beste war, dass ich viel über Wirtschaft, Unternehmertum und Menschenführung gelernt habe. Dies sollte sich als noch viel wertvoller erweisen als das Geld. Man lud mich ein, auf der nächsten Deutschlandkonferenz einen Vortrag über meine Erfahrungen zu halten, zu der 4000 Menschen erwartet wurden. Ich erhielt Standing Ovations. Seitdem bin ich auch der Bühne verfallen. Ich stand sowohl auf dem Centerfield der TUI-Arena in Hannover vor 9000 Leuten als auch in Klassenräumen vor 25 Schülern. Ich mache beides gerne. Natürlich zahlt eine Schule nichts dafür. Aber da halte ich es mit Abenteuer-Unternehmer Jochen Schweizer, der mir sagte:

»Wenn man an einem Punkt im Leben ankommt, an dem Vieles gelungen ist, weil man mehr richtige als falsche Entscheidungen gefällt hat, weil man vielleicht mehr Energie investiert hat als andere, empfinde ich es schon beinahe als moralische Pflicht, etwas weiterzugeben. Es gibt den ›Circle of helping hands‹. Es begegnen uns im Leben immer mal wieder Menschen, die ich als Mentoren bezeichne, die unerwartet Hilfe leisten, ohne selbst daraus einen Vorteil zu ziehen. Dann sind es echte Mentoren. Wenn du die Hilfe annimmst, bist du nicht verpflichtet, demjenigen etwas zurückzugeben. Du verpflichtest dich aber, diese Hilfe eines Tages, wenn es dir besser geht, an einen anderen Menschen weiterzugeben, der dieser Hilfe bedarf. Das nenne ich den ›Circle of helping hands‹. Wenn sich jeder Mensch diesem Konzept verpflichten würde, wäre die Welt ein kräftiges Stück besser.«[6]

3
So ticken Unternehmer

Im Laufe meines Lebens habe ich mich mit unzähligen großartigen Unternehmern ausgetauscht. Da mich Unternehmergeist an sich schon immer fasziniert hat, habe ich solche Gespräche immer aktiv forciert. Ich wollte einfach wissen, wie Unternehmer ticken, was sie antreibt. Was motiviert jemanden, aus dem Nichts und oft genug unter schwierigsten Bedingungen ein Unternehmen aus dem Boden zu stampfen? Welche Eigenschaften bringt so jemand mit? Am Ende, so meine Erfahrung, ähneln sich viele erfolgreiche Unternehmer darin, WIE sie das tun, was sie jeden Tag aufs Neue machen: Sie sind führungsstark, kommunikativ, verhandlungsstark, freiheitsliebend und offen. Also eigentlich ganz einfach und trotzdem – nach meinem Gefühl – viel zu selten anzutreffen. Trotzdem reichen am Ende keine fünf Zutaten, um wirklich Unternehmer zu sein. Zwei der Eigenschaften, die mir nachhaltig im Gedächtnis geblieben sind, sind die Art, wie Unternehmer mit schier ausweglosen Situationen umgehen, und welche Rolle die Neugier spielt:

Unternehmer nehmen keine Opferrolle ein!

In einer Dokumentation auf Netflix, die unter anderem das Thema wirtschaftliche Ungleichheit behandelte, wurde eine Dame aus dem Niedriglohnsektor interviewt. Sie sagte, wer ständig mit dem Rücken zur Wand stehe, habe keine Zeit, Zukunftspläne zu machen. Dem widerspreche ich entschieden. Frustration ist einer der besten Motoren für Wachstum – wenn man mit dem Rücken zur Wand steht, gibt es eigentlich nur eine Richtung: vorwärts. Meine besten Ideen kamen mir, wenn ich frustriert war. Denn der Frust aktiviert den eigenen Mut. In gewisser Weise entsteht eine »Scheiß-egal-Einstellung«. Sie denken plötzlich: *Schlimmer kann es eigentlich auch nicht werden, also kann ich genauso gut den Mut aufbringen, etwas zu wagen.* Dieses Phänomen lässt sich übrigens nicht nur auf der Mikroebene beobachten. Auch auf der Makroebene gilt es. Wenn die Wähler mit einem politischen System maximal unzufrieden sind, wollen sie es verändern. Demonstrationen, Neuwahlen oder gar Regierungsstürze können folgen. Jedoch muss dafür ein gewisser Punkt überschritten werden. Es ist wie in der Geschichte des jaulenden Hundes. Ein Hund sitzt neben seinem Herrchen und jault. Ein Passant fragt, was mit seinem Hund los sei. Das Herrchen sagt: »Er sitzt auf einem Nagel.« Warum der Hund dann nicht aufstehe, will der Passant wissen. Worauf das Herrchen entgegnet: »Der Nagel sitzt wohl nicht tief genug.« Wir Menschen sind da nicht anders. Wir brauchen einen triftigen Beweggrund (eine Motivation), um etwas zu wagen. Dieser Grund kann sowohl positiv als auch negativ sein. Die Dame aus der Netflix-Dokumentation sollte ihre Frustration über ihre Situation dazu nutzen, ein höheres Ziel zu verfolgen. Und wenn eine ihrer Motivationen ist, mehr Entscheidungsfreiheit zu haben, sollte sie über eine Selbstständigkeit oder ein eigenes Unternehmen nachdenken.

Es gibt eine Rolle, die Sie niemals einnehmen sollten: die Opferrolle. Sie lähmt Sie und nimmt Ihnen jegliche Macht, etwas zu verändern. Die Macht liegt dann ausschließlich bei den anderen. In dieser Situation wollen Sie nicht sein. Sie müssen die Verantwortung tragen, vielleicht sogar die Schuld. Manchmal ist es besser, die Schuld an Umständen selbst zu übernehmen, um sich damit in die Lage zu versetzen, die Umstände auch wieder zu verändern. Ich habe beispielsweise einmal mit Milliardär Götz Werner, Gründer der Drogeriekette dm, über das Thema Verantwortung gesprochen. Er sagte mir hierzu: »Vor allem, was ich in meinem Leben tue, steht die Frage: Kann ich es verantworten? Verantworten kann ich es nur, wenn es einen Sinn macht.«[7]

Unternehmer sind neugierig!

Eine Gemeinsamkeit von Unternehmern ist ihre Neugier für das Unbekannte. Sie schauen gerne hinter die Kulissen. Ich habe das nicht nur bei anderen Unternehmern beobachtet, sondern erlebe es auch selbst oft. Ich fahre an einem Firmengebäude vorbei, und etwas daran weckt meine Neugier. Dann halte ich an und gehe, sofern möglich, in das Gebäude hinein und suche mir einen Ansprechpartner. »Was macht Ihr Unternehmen? Warum sind Sie an diesem Standort? Mit wem arbeiten Sie zusammen? Wie kam es zu der Unternehmensidee? Wer gehörte zum Gründungsteam? Wie lange gibt es das Unternehmen schon?« Das sind nur einige Fragen, die ich oft stelle. Ich will diesem Unternehmen nichts verkaufen und habe auch keine bestimmten Absichten mit meinen Fragen. Ich bin einfach neugierig und will verstehen, wie manche Dinge funktionieren. Das verleiht mir dennoch einen Wettbewerbsvorteil. Denn durch neue Informationen kommen neue Ideen. Wer immer nur in seinem alten Teich fischt, wird nicht viel Neues erfahren. Anders ist es, wenn man sich mit neuen Dingen beschäftigt und Zusammenhänge versteht. Das sorgt so manches Mal für eine Explosion im eigenen Kopf, und die Ideen sprudeln nur so aus einem heraus. Es kann Ihnen auch helfen, bestehende Probleme aus einer anderen Perspektive zu betrachten. Durch Neugier können Sie beispielsweise die Herausforderungen Ihrer Kunden oder Geschäftspartner besser verstehen. All das sind neue Pfeile in Ihrem Köcher, die Sie bei der nächsten Präsentation abschießen können. Dazu passt, was mir Verona Pooth über ihre Ziele als Unternehmerin verraten hat: »Schon in meinen ersten Interviews mit den Medien, da war ich gerade mal 20 Jahre alt, habe ich auf die Frage, ob ich mich als Unternehmerin sehen würde, mit Ja geantwortet. Ich wollte in erster Linie mein eigenes Geld verdienen, um unabhängig zu sein. Mein zweites Ziel war es, viel zu reisen und interessante Leute kennenzulernen. Vor allen Dingen die, die selbst wie ich aus dem Nichts kamen und später sehr erfolgreich wurden. Mit 21 Jahren (1989) habe ich mich als Modedesignerin in Hamburg selbstständig gemacht. Ich eröffnete mein eigenes Modeatelier in der Rutschbahn 38. Mein Modelabel hieß *Immerschön Design*. Ich erinnere mich auch noch an meine erste Visitenkarte, die ich in einer Druckerei mit einer Prägung extra in Auftrag gab. Zu der Zeit gab es tatsächlich noch keine Handys, aber Faxgeräte waren groß im Trend, und wenn wir die Visitenkarte anderen Unternehmern in die Hand drückten, hieß es sofort: ›Wow, ihr habt ja sogar ein Faxgerät – unglaublich!‹ Das war die erste Auszeichnung, die mich damals schon als Unternehmerin wahrnehmen ließ. Unglaublich, aber wahr.«[8]

*

Für mich ist es immer interessant, was Unternehmer über die verschiedenen Facetten des Unternehmertums selbst sagen. Menschen, die auf eine bewegte Unternehmerlaufbahn zurückblicken, sind die allergrößte Inspiration. Aus diesem Grund lassen sich in diesem Buch auch immer wieder Aussagen anderer Unternehmer finden. An dieser Stelle möchte ich jedoch zunächst ein Statement platzieren, das Rainer Zitelmann zum Thema *Wie ticken Unternehmer?* verfasst hat.

Dr. Dr. Rainer Zitelmann ist einer der wichtigsten Advokaten des Kapitalismus weltweit. In seinen Vorträgen, Fernsehauftritten und Bestsellern erklärt er Menschen in aller Herren Länder die Vorzüge dieser Wirtschaftsordnung. Doch Zitelmann ist kein Theoretiker. Hohes Ansehen genießt er deshalb, weil er durch seine eigenen Unternehmungen zum Millionär wurde.

Der missverstandene Unternehmer

Von Rainer Zitelmann

Unternehmer werden missverstanden und beneidet. Sogar die meisten Wirtschaftswissenschaftler verstehen nicht, was ihre eigentliche Funktion ist, sagt der chinesische Ökonom Weiying Zhang in seinem Buch *Re-Understanding Entrepreneurship*. Er berichtet von einem seiner Studenten, der nach dem Abschluss des Studiums eine hoch dotierte Anstellung bei einem internationalen Konzern fand. Nun überlegte er, seine eigene Firma zu gründen, und fragte Zhang nach seiner Meinung. Der Ökonom fragte ihn, was seine Eltern von der Idee hielten. Sie seien total dagegen, antwortete der Student. Daraufhin empfahl Zhang dem Studenten, er solle es versuchen. »Meiner Meinung nach sind Entscheidungen, mit denen die Eltern einverstanden sind, wahrscheinlich keine unternehmerischen Entscheidungen.« Der Student folgte dem Rat und ist heute ein erfolgreicher Unternehmer.

Zhang sagt, dass der Unternehmer im Mittelpunkt der Wirtschaftswissenschaft stehen sollte – aber in vielen Lehrbüchern kommt er gar nicht vor. Wer Unternehmertum nicht versteht, kann aber die Marktwirtschaft nicht verstehen.

Viele Ökonomen sehen in dem Unternehmer so etwas wie eine Rechenmaschine. Jemand, der rational abwägt, wie knappe Ressourcen am besten eingesetzt werden. Das sei jedoch weit entfernt von der Wirklichkeit und beschreibe eher den Manager in einer mittleren Hierarchieebene. Unternehmer sind dagegen eher wie kreative Künstler. Sie entscheiden meist mit dem Bauch, also nach ihrer Intuition. Bauchgefühl ist aber nichts Irrationales oder gar Mystisches. Es wird in der Lerntheorie als *implizites Wissen* bezeichnet, das das Ergebnis von *implizitem Lernen* ist. Gemeint ist damit: Sie eignen sich ihr Wissen im praktischen Leben an, durch *learning by doing*.

Einer der ersten Wissenschaftler, der sich eingehend mit dem Typus des Unternehmers auseinandersetzte und dabei insbesondere die Psychologie des Unternehmers berücksichtigte, war Werner Sombart. In seinem Werk *Der Bourgeois* (1913) unterschied er drei seelische Eigenschaften, die wichtig für den erfolgreichen Unternehmer seien:

1. Der »Eroberer«. Der Unternehmer müsse die Fähigkeit haben, »Pläne zu entwerfen« und einen starken »Trieb zur Verwirklichung des Plans« haben. Dies unterscheide ihn von dem reinen Erfinder, dem es genüge, seine Erfindung gemacht zu haben. Er müsse zudem die »Fähigkeit zur Durchführung des Plans« haben. Wichtig seien »Zähigkeit und Beharrlichkeit, die nicht von der Verfolgung des Zieles ablassen«. Charakteristisch für ihn seien die Entschlossenheit und die Kraft, »alle Hindernisse, die sich ihm in den Weg stellen, niederzukämpfen« und alles einzusetzen, »um für sein Unternehmen Großes zu gewinnen«.

2. »Der Organisator«. Der Unternehmer müsse die Fähigkeit haben, viele Menschen zu einem glücklichen, erfolgreichen Schaffen zusammenzufügen.

3. »Der Händler«. Was Sombart mit dem »Händler« beschrieb, würden wir heute wohl verkäuferisches Talent nennen. Der Unternehmer müsse »Zwiesprache halten mit einem andern, um ihn durch Beibringung von Gründen und Widerlegung seiner Gegengründe zur Annahme eines bestimmten Vorschlags, zur Ausführung oder Unterlassung einer bestimmten Handlung zu bewegen«.

Der Unternehmer müsse eine »Veranlagung zu ›instinktmäßig‹ richtigen und treffenden Handlungen« haben. Solche Veranlagungen seien bei manchen Menschen vorhanden, bei anderen dagegen seien sie nicht oder zu schwach ausgeprägt. Wichtige psychologische Merkmale der Unternehmernatur seien, dass er eine rasche Auffassungsgabe habe, dass er sicher in der Beurteilung anderer Menschen sei, dass er reich an Ideen, an Einfällen, an einer »besonderen Art von Fantasie« sei.

Es müsse »etwas Forderndes in dem Wesen sein, etwas, das hinaustreibt, das die träge Ruhe auf der Ofenbank zur Qual werden lässt«. Die wichtigsten Unternehmereigenschaften seien »die Entschlossenheit, die Stetigkeit, die Ausdauer, die Rastlosigkeit, die Zielstrebigkeit, die Zähigkeit, der Wagemut, die Kühnheit«. Man habe den Unternehmer häufig mit dem Künstler verglichen, aber dies sei ganz falsch. »Jene sind zweckstrebig, diese zweckfeind; jene intellektuell-voluntaristisch, diese gemütsvoll; jene hart, diese weich und zart; jene weltkundig, diese weltenfremd, jene haben die Augen nach außen, diese nach innen gerichtet.«

Das wichtigste innere Motiv des Unternehmers sei indes das Gewinnstreben, gleichgültig, wie er selbst dazu stehe – denn es sei die wesentliche Notwendigkeit seines Handelns. »In der Seele des modernen Wirtschaftsmenschen arbeitet, wie wir wissen, der Drang nach dem unendlich Großen, der zu immer neuen Werken und immer größerem Wirken treibt. Fragen wir, woher dieser Drang kommt, so finden wir natürlich als ursprüngliche Triebkraft das

Erwerbsstreben. Nicht weil es notwendig das hervorstechende Motiv in der Seele des Unternehmers ist. Sondern weil es sich durch die kapitalistischen Zusammenhänge dem einzelnen Unternehmer als objektiv zwingende Macht gegenüberstellt. Was auch der Unternehmer persönlich bezwecken möge: ob selbst in erster Linie den Gelderwerb, ob irgendetwas anderes: wie Machterweiterung, Betätigung seiner Kräfte, soziale Wohltaten: immer muss sein Unternehmen zu einem gewinnbringenden gestaltet werden, immer muss er also Profit machen wollen.«

In seinem Werk *Der moderne Kapitalismus* betont Sombart die Bedeutung der Einzelpersönlichkeit, die im Kapitalismus eine viel größere Rolle spiele als in früheren Wirtschaftssystemen. »Im Anfang war die ›schöpferische Tat‹ des einzelnen; eines ›wagenden‹, ›unternehmenden‹ Mannes, der beherzt den Entschluss fasst, aus den Gleisen der herkömmlichen Wirtschaftsführung herauszutreten und neue Wege einzuschlagen [...]. Die Entstehungsgeschichte des Kapitalismus ist eine Geschichte von Persönlichkeiten.«

Die innere Struktur des kapitalistischen Wirtschaftssystems bringe es mit sich, »dass der Entschluss- und Tatkraft der Wenigen ein weiterer Spielraum gelassen ist als in andern Wirtschaftssystemen. Man kann deshalb sagen, dass gerade die hochkapitalistische Wirtschaft in ihrem gesamten Bau aus der schöpferischen Initiative der Wenigen hervorgewachsen ist.« Es sei ein großer Irrtum anzunehmen, dass in der »mechanisierten Welt« die Bedeutung der menschlichen Persönlichkeit abgenommen habe. »Das genaue Gegenteil ist der Fall: die Bedeutung der Einzelperson, freilich der überragenden, ist heute im Wirtschaftsleben größer denn je.« Daher finde man gerade in den Vereinigten Staaten eine besonders hohe Bewertung der Persönlichkeit im Wirtschaftsleben: »nicht die Firmen, nicht die Familie, nicht das Kapital, sondern letzten Endes der einzelne Mann gilt als die treibende Kraft in der Wirtschaft«.

In mancher Hinsicht erinnern folgende Formulierungen von Sombart an Schumpeter: »Was aber den kapitalistischen vom grundherrlichen Unternehmer unterscheidet, ist dieses: dass er in viel höherem Maße umstürzlerisch und umbildend wirkt.« Der kapitalistische Unternehmer breche mit alten Überlieferungen, er durchstoße bewusst die Schranken der alten Wirtschaftsweise, »er ist ein Zerstörer und Aufbauer in Einem«. Er reiße ganze Bevölkerungen aus ihrer gewohnten Daseinsweise heraus. »Auch wenn es uns die Geschichte nicht bestätigte: unsere Einsicht in das Wesen der menschlichen Natur würde uns zu dem Schlusse führen: solche Andersmacher, solche Neuerer, solche Umstürzler, solche Schöpfer waren immer nur einzelne, waren immer nur wenige.«

Die psychische Disposition des Unternehmers beschreibt Sombart mit folgenden Worten: Der »Wille zum Erfolg, das heißt: das Bemühen, wirtschaftlich große Erfolge zu erzielen: eine Seelenstimmung, die beispielsmäßig allen Amerikanern vom Trustmagnaten bis zum letzten Laufburschen eigentümlich ist«. Der Unternehmer des neuen Typus sei »frei von der Rücksichtnahme auf Tradition der Familie, des Geschäfts, der kaufmännischen Sitten«.

In seinem Werk *Theorie der wirtschaftlichen Entwicklung* setzte sich der österreichische Ökonom Joseph Schumpeter 1912 ausführlich mit der Psychologie des Unternehmers auseinander. Eine zentrale Rolle spielt dabei die Einsicht, dass Unternehmer sich – anders als andere Menschen – nicht im gleichen Maße durch soziale Normen in ihrem Handeln leiten ließen. Ohne dass er diesen Begriff gebrauchte, charakterisierte Schumpeter erfolgreiche Unternehmer als Nonkonformisten.

»Jedes abweichende Verhalten eines Gliedes der sozialen Gemeinschaft begegnet der Missbilligung der übrigen Glieder«, so Schumpeter. Diese Missbilligung könne zur »gesellschaftlichen Ablehnung und zur Meidung des Betreffenden« führen. Die Mehrheit verhalte sich daher konform, aber es gebe andere Individuen, auf die solche ablehnenden Reaktionen sogar »anreizend wirken« und die »gerade ihrethalben sich abweichend verhalten«.

Derjenige, der etwas »Neues und Ungewohntes« tun wolle, habe nicht nur mit äußeren Widerständen zu rechnen, »sondern auch solche in seinem eigenen Inneren zu überwinden«. Der von Schumpeter beschriebene Typus des Unternehmers schwimmt »gegen den Strom«. Er führt, anders als der hedonistische, passive Mensch, »den Kampf mit jenen ›Bindungen‹, den nicht jeder aufnehmen kann«. »Die Tatsache, dass etwas noch nicht getan wurde, wird von ihm nicht als Gegengrund empfunden. Jene Hemmungen, die für die Wirtschaftssubjekte sonst feste Schranken ihres Verhaltens bilden, fühlt er nicht.«

Dieser Typus »zieht andere Konsequenzen aus den Daten der ihn umgebenden Welt als die Masse der statischen Wirtschaftssubjekte«. Diesem Unternehmertyp sei es »sehr gleichgültig, was seine Genossen und Übergenossen zu seinem Unternehmen sagen werden«.

Schumpeter fragt, was den Unternehmer antreibt, so zu handeln. Dezidiert wendet er sich gegen die These, »dass das Streben nach Bedürfnisbefriedigung durch Güterkonsumtion« der primäre wirtschaftliche Antrieb des Handelns sei. Selbst dann, wenn der Unternehmer bereits über bedeutende finanzielle Mittel verfüge, widme er seine ganze Kraft dem Erwerb weiterer Gütermengen, »sehr oft, ohne einem anderen Gedanken Raum zu geben«. Da über eine – individuell verschiedene – Größe des Einkommens hinaus »die Intensitäten der dann noch unbefriedigten Bedürfnisse außerordentlich gering werden«, könne das Ziel des Konsums das Handeln des Unternehmers allein nicht erklären.

Schumpeter weist nach, dass das bloße Konsumstreben nicht die primäre Antriebskraft des Unternehmers sein könne. Zwar lebten die Unternehmer luxuriös, doch dies sei nicht der Grund ihres Strebens. Wesentlich ist sein Gedanke, dass der Unternehmer die Güter, die er erwerbe (gemeint sind hier vor allem die finanziellen Mittel), »als äußeres Zeichen für errungene Siege« sehe und dass sein wirtschaftliches Streben »auch Selbstzweck sein kann«. Die

Gewinne, die er mache, würden »meist nicht konsumiert, sondern zum größten Teil wieder zu neuen Unternehmungen« verwendet. Den Unternehmer dränge es, »zu experimentieren und den wirtschaftlichen Verhältnissen den Stempel seines Geistes aufzudrücken«. Die breite Masse der Menschen dagegen habe keine Neigung, »mit Neuem zu experimentieren«, wie dies für den Unternehmer charakteristisch sei.

Schwache Menschen, so Schumpeter, kämpften sich mühsam durch die Erledigung der hergebrachten und wiederkehrenden Aufgaben durch. »Der Starke behält dabei einen Kraftüberschuss – er wird ändern und wagen um des Änderns und Wagens willen, immer neue Pläne durchführen und dann an immer weitere herantreten. Aus einem Gegengrund wird die Tätigkeit als solche bei ihm zum Selbstzweck, ohne dass es eines anderen Anstoßes bedürfte: Freude am Tun selbst, ohne jedes andere Motiv, ist sicher eine psychologische Realität.« Bei diesen Menschen bestehe ein »Impuls zu stetem Vordringen, ohne jede angebbare Grenze. Er hört nur auf, wenn die Kraft seines Trägers erschöpft ist oder wenn äußere Hindernisse sich als unüberwindlich erweisen, niemals infolge satter Befriedigung.«

All das ist heute kein Thema der Wirtschaftswissenschaften und auch nicht im BWL-Studium. Ich glaube, dass dieses Studium viele junge Menschen irreleitet. Der chinesische Unternehmer Jack Ma, Gründe von Alibaba, meinte: »Man braucht kein BWL-Studium. Die meisten BWL-Absolventen sind nicht brauchbar […] Es sei denn, dass sie nach ihrem BWL-Studium vergessen, was sie in der Schule gelernt haben. Dann kann man sie brauchen. Denn Schulen vermitteln Wissen, während man Klugheit benötigt, um ein Unternehmen zu starten. Klugheit gewinnt man durch Erfahrung. Wissen kann man durch harte Arbeit erwerben.«

Erich Sixt, einer der erfolgreichsten Unternehmer Deutschlands, meint, Betriebswirtschaft sei ein sinnloses Studium: »Deswegen hatte mich BWL an der Uni nicht interessiert, ein sinnloses Studium. Das Einzige, was davon zu gebrauchen ist, ist ein Semester Buchführung. Der Rest war realitätsfern und ist es auch heute noch.« Nach zwei Semestern habe er festgestellt, dass das Wissen, was dort vermittelt werde, für sein weiteres Leben völlig belanglos sei, und habe es abgebrochen.

Intellektuelle verabsolutieren akademisches Wissen, also das, was man an der Universität lernt oder Buchwissen. Wäre es das, worum es im Wirtschaftsleben geht, dann müssten Professoren der Betriebswirtschaft die reichsten Menschen sein und erfolgreiche Unternehmer, denn sie verfügen ja über alles akademische Wissen zum Thema Wirtschaft.

Ich selbst habe Hunderte Unternehmer in meinem Leben kennengelernt, darunter einige, die gigantische Unternehmen aufgebaut und Milliarden verdient haben, jedoch nie in ihrem Leben studiert haben. Sie alle haben mir gesagt, dass sie die eigentlichen wichtigen Entscheidungen mit dem Bauch fällen. Das war auch das Ergebnis meiner Doktorarbeit über die Psychologie der Superreichen.

Unternehmer sind vor allem Chancensucher und Chancenfinder. Sie entdecken dort Chancen, wo andere sie nicht sehen. Und Unternehmer sind oft Menschen, die gegen den Strom schwimmen, Nonkonformisten. Unternehmer werden von allen missverstanden. Der Durchschnittsbürger versteht nicht, was ein Unternehmer eigentlich macht und wie er Geld verdient.

In Deutschland gibt es heute wieder Autoren, die sich für eine Planwirtschaft einsetzen, wie etwa Ulrike Herrmann in ihrem Buch *Das Ende des Kapitalismus*. Aber auch Politiker, die sich nicht offen für eine Planwirtschaft einsetzen, hängen oft dem planwirtschaftlichen Denken an – man nennt es heute »Industriepolitik«. Wirtschaftsminister Robert Habeck ist deren entschiedenster Verfechter.

Der Grund, warum Industriepolitik regelmäßig scheitert, ist der gleiche, warum Planwirtschaft immer wieder gescheitert ist: Die Annahme, Politiker und Beamte wüssten besser als Millionen Unternehmer und Konsumenten, was die erfolgversprechendsten

Innovationen der Zukunft seien, ist durch nichts begründet. So wie Sozialisten irren, wenn sie immer wieder erklärten, die Planwirtschaft sei im Prinzip überlegen, nur eben bislang nicht umgesetzt worden, so irren sich Vertreter der Industriepolitik, die trotz all der Fehlschläge behaupten, man brauche nur eine bessere Industriepolitik.

Dass die Regierungen die Zukunft richtig voraussagen können, ist ein großer Irrtum. 1992, so berichtet Zhang, habe ein Unternehmer in China eine Lizenz zur Autoproduktion beantragt, die ihm verweigert wurde. Die Staatliche Planungskommission erklärte damals: »China hat genug Autohersteller.« Der Unternehmer, heute extrem erfolgreich, startete sein Automobilgeschäft etwa zehn Jahre nach seinem ersten Antrag. Erst im Nachhinein zeigt sich oft das Scheitern der Industriepolitik, wie man am Beispiel Japan sehen kann. Diese wurde damals für extrem erfolgreich gehalten und wurde in China wie in den USA bewundert. Studien belegen jedoch, dass die 20 erfolgreichsten japanischen Branchen kaum gefördert wurden, während die sieben erfolglosesten Branchen die meiste staatliche Förderung erhalten hatten.

Womit erfolgreiche Unternehmer stets zu kämpfen haben, ist Neid. Neid gibt es überall auf der Welt, aber er ist unterschiedlich stark ausgeprägt. Ich habe bei Ipsos MORI eine Umfrage in Auftrag gegeben, um die Einstellung zu Reichen in verschiedenen Ländern zu erkunden. Wir stellten den Befragten in 13 Ländern die gleichen Fragen. In allen Ländern unterschieden wir zwischen drei Gruppen: den Sozialneidern, den Nicht-Neidern und den Ambivalenten, die irgendwo dazwischen liegen. Dividiert man den Prozentsatz der Neider durch den der Nicht-Neider, kommt man zum Sozialneidkoeffizienten. Das Ergebnis: Am stärksten ausgeprägt ist der Neid gegen Reiche in Frankreich, gefolgt von Deutschland. In Japan und Polen ist demnach der Neid sehr viel schwächer.

Zhang führt den Neid auch darauf zurück, dass die meisten Menschen nicht verstehen, wie Unternehmer Geld verdienen, und glaubten, Reiche würden nur reich, indem sie andere übervorteilten: »Der Durchschnittsbürger versteht jedoch nicht, wie ein Unternehmer Geld verdienen kann. Unternehmer arbeiten nicht auf dem Feld wie Bauern oder schwitzen wie Arbeiter, warum sind sie dann reich? Vor allem Unternehmer, die Handel treiben, verändern nicht einmal die materielle Form des Produkts, wie können sie also Geld verdienen? Es scheint, als hätten sie es ex nihilo gemacht! Die Antwort ist, dass sie billig einkaufen und teuer verkaufen und damit sowohl den Verkäufer als auch den Käufer täuschen.«

Die Basis des Neides ist jedoch der Nullsummenglaube. Den Nullsummenglauben hat klassisch der berühmte kommunistische Dichter Bertolt Brecht in seinem Gedicht *Alfabet* formuliert:

»Reicher Mann und armer Mann
Standen da und sahn sich an.
Und der Arme sagte bleich:
Wär ich nicht arm, wärst du nicht reich.«

Dabei ist der Nullsummenglaube leicht zu widerlegen: Seit Jahrzehnten geht weltweit die Zahl der Armen stark zurück, während die Zahl der Milliardäre stark steigt. Wären die Reichen nur reich, weil sie es von den Armen genommen hätten, woher kommt das Geld dann, wenn die Armen heute weniger arm sind als zum Beispiel vor 40 Jahren, als noch über 40 Prozent der Weltbevölkerung in extremer Armut lebten (heute sind es 8,5 Prozent)?

In China lebten zum Ende der Mao-Zeit 88 Prozent der Menschen in extremer Armut. Dann sagte der Reformer Deng Xiaoping: »Lasst einige erstmal reich werden«, führte das Privateigentum ein und startete marktwirtschaftliche Reformen. Heute gibt es so viele Milliardäre in China wie in keinem Land der Welt (mit Ausnahme der USA) und die Zahl der extrem Armen ist unter 1 Prozent gesunken. Der Grund für den Anstieg der Zahl der Reichen und den Rückgang der Armut ist der gleiche: Wirtschaftswachstum. Schon Adam Smith erklärte uns in seinem Buch *The Wealth of Nations*, der einzige Weg für Nationen, der Armut zu entkommen, sei Wirtschaftswachstum, und Voraussetzung dafür sei wirtschaftliche Freiheit. Und die Geschichte seitdem zeigt, wie sehr er Recht behalten hat.

*

Zitelmanns umfangreiches Verständnis für das Wesen des Unternehmertums äußerte sich übrigens auch in der genialen wie tiefgründigen Laudatio, die er auf Dirk Roßmann hielt, als dieser beim Innovator des Jahres für sein Lebenswerk ausgezeichnet wurde. Diese Laudatio möchte ich an dieser Stelle im Wortlaut zitieren.

*

Der Menschenkenner

Laudatio auf Dirk Roßmann von Rainer Zitelmann

Das *manager magazin*, das ihn in die Hall of Fame aufnahm, schrieb kürzlich: »Roßmanns Lebensbilanz ist die eines Gewinners, und das gleich in mehrfacher Hinsicht.« In den 90er-Jahren gab es in Deutschland noch mehr als ein Dutzend Drogerieketten, heute dominieren drei den Markt. Roßmann ist zwar mit 14 Milliarden Euro Umsatz nur Nr. 2 knapp hinter dm (und mit weitem Vorsprung vor Müller), aber laut *manager magazin* liegt er beim Gewinn mit großem Abstand an der Spitze. Und ich finde, Gewinn sagt viel mehr aus als Umsatz.

Soweit einige Zahlen, später kommen noch mehr. Wer ist Dirk Roßmann, den man übrigens mit scharfem S schreibt, während sein Unternehmen mit Doppel-S geschrieben wird? Die Antwort finden wir in dem 1912 erschienenen Werk *Theorie der wirtschaftlichen Entwicklung* des österreichischen Ökonomen Joseph Schumpeter, in dem er sich ausführlich mit der Psychologie des Unternehmers auseinandersetzt.

Erfolgreiche Unternehmer als Nonkonformisten

Schumpeter schrieb, dass Unternehmer sich – anders als andere Menschen – nicht im gleichen Maße durch soziale Normen in ihrem Handeln leiten ließen. Ohne dass er diesen Begriff gebrauchte, charakterisierte Schumpeter erfolgreiche Unternehmer als Nonkonformisten: »Jedes abweichende Verhalten eines Gliedes der sozialen Gemeinschaft begegnet der Missbilligung der übrigen Glieder«, so Schumpeter. Diese Missbilligung könne zur »gesellschaftlichen Ablehnung und zur Meidung des Betreffenden« führen. Die Mehrheit verhalte sich daher konform, aber es gebe andere Individuen, auf die solche ablehnenden Reaktionen sogar »anreizend wirken« und die »gerade ihrethalben sich abweichend verhalten«.

Derjenige, der etwas »Neues und Ungewohntes« tun wolle, habe nicht nur mit äußeren Widerständen zu rechnen, »sondern auch solche in seinem eigenen Inneren zu überwinden«. Der von Schumpeter beschriebene Typus des Unternehmers schwimmt »gegen den Strom«. Er führt, anders als der hedonistische, passive Mensch, »den Kampf mit jenen ›Bindungen‹, den nicht jeder aufnehmen kann«. »Die Tatsache, dass etwas noch nicht getan wurde, wird von ihm nicht als Gegengrund empfunden. Jene Hemmungen, die für die Wirtschaftssubjekte sonst feste Schranken ihres Verhaltens bilden, fühlt er nicht.«

Dieser Typus zieht, so fährt Schumpeter fort, »andere Konsequenzen aus den Daten der ihn umgebenden Welt als die Masse der statischen Wirtschaftssubjekte«. Diesem Unternehmertyp sei es »sehr gleichgültig […] was seine Genossen und Übergenossen zu seinem Unternehmen sagen werden«.

Schumpeter fragt, was den Unternehmer antreibt, so zu handeln. Dezidiert wendet er sich gegen die These, »dass das Streben nach Bedürfnisbefriedigung durch Güterkonsumtion« der primäre wirtschaftliche Antrieb des Handelns sei. Selbst dann, wenn der Unternehmer bereits über bedeutende finanzielle Mittel verfüge, widme er seine ganze Kraft dem Erwerb weiterer Gütermengen. Da über eine – individuell verschiedene – Größe des Einkommens hinaus »die Intensitäten der dann noch unbefriedigten Bedürfnisse außerordentlich gering werden«, könne das Ziel des Konsums das Handeln des Unternehmers allein nicht erklären.

Schwache Menschen, so Schumpeter, kämpften sich mühsam durch die Erledigung der hergebrachten und wiederkehrenden Aufgaben durch. »Der Starke behält dabei einen Kraftüberschuss – er wird ändern und wagen um des Änderns und Wagens willen, immer neue Pläne durchführen und dann an immer weitere herantreten. Aus einem Gegengrund wird die Tätigkeit als solche bei ihm zum Selbstzweck, ohne dass es eines anderen Anstoßes bedürfte: Freude am Tun selbst, ohne jedes andere Motiv, ist sicher eine psychologische Realität.«

Was das alles mit Dirk Roßmann zu tun? Für mich ist er der prototypische Unternehmer, wie ihn Schumpeter beschreibt.

Dirk Roßmann ist ein Nonkonformist. Aber nicht in dem primitiven Sinn, wie wir sie heute oft treffen – Menschen, die glauben, wenn sie einfach das Gegenteil von dem für richtig halten, was Mainstream ist, lägen sie stets richtig. Nein, so ist Roßmann nicht.

Aber er hat sich stets aufgelehnt, und das fing bereits in der Schule an: »Ich habe alles, was mit der Schule zu tun hatte, gehasst. Es war furchtbar. Ich wollte ja lernen, aber mit Zucht und Ordnung war bei mir nichts zu holen. Deswegen frustrierte mich dieser Ort nur«, schreibt er in seiner Autobiografie, die übrigens ein SPIEGEL-Bestseller war, so wie mehrere seiner Bücher.

Zur Bundeswehr wollte er nicht, weil er sich um die Drogerie seiner Mutter kümmern musste. Er wollte aber auch nicht den Kriegsdienst verweigern. Er rückte unter Protest ein, verweigerte aber konsequent über Monate hinweg jeden Befehl, und zwar so lange, bis man ihn in die Bundeswehr-Psychiatrie einlieferte. Nachdem er da raus war, kletterte er in Uniform auf einen hohen Baum und blieb stundenlang dort sitzen, bis ihn die Feuerwehr herunterholte. Schließlich erreichte er, was er wollte, und wurde aus der Bundeswehr entlassen.

Schon mit zwölf oder dreizehn Jahren fing er an, Geld zu verdienen

Roßmann fing schon sehr früh an, unternehmerisch zu handeln. Er sparte sein Geld, lieh sich noch etwas dazu und hatte damit das Eigenkapital, um schon mit 16 Jahren seine erste Immobilie – eine Eigentumswohnung für 66.000 D-Mark – zu erwerben. Schon mit zwölf oder dreizehn Jahren fing er an, Geld zu verdienen. Er hatte die Idee, die Kunden zu Hause mit Produkten aus der Drogerie seiner Mutter zu beliefern, machte damit 5000 D-Mark Umsatz und 500 Mark Gewinn im Monat – damals sehr viel Geld. Bald schon lieferte er nicht mehr selbst aus, sondern stellte seinen Bruder an.

1972, im Alter von 25 Jahren, eröffnete er seine erste eigene Drogerie. Er hatte eine Idee, die sofort einschlug: Zum ersten Mal sollten Drogeriewaren in Deutschland in einem Selbstbedienungsladen angeboten werden. Die Kunden standen schon bei der Eröffnung Schlange, und seine kühnsten Erwartungen wurden übertroffen. Im Überschwang der Gefühle ließ er eine Kundin mit 150 D-Mark Ware im Einkaufswagen vorbeiziehen, ohne dass sie bezahlen musste. Heute besitzt Roßmann Tausende Filialen in zahlreichen Ländern und beschäftigt mehr als 62.000 Mitarbeiter.

Wie viele andere erfolgreiche Unternehmer, die ich für meine Dissertation interviewte (Roßmann gehörte nicht dazu, denn ich lernte ihn erst danach kennen), hat er nicht studiert und kein Abitur. Aber schon als Jugendlicher begann er, sich für Philosophie zu interessieren, vor allem Schopenhauer tat es ihm an.

Später wandte sich sein Interesse der Psychologie zu. Er begann selbst eine Therapie. Er habe anfangs beispielsweise ein schlechtes Gewissen gehabt, Mitarbeiter zu entlassen. Das scheint später nicht mehr sein Problem gewesen zu sein, denn selbstkritisch beschreibt er, wie er oft aufbrausend war und Dampf an anderen abließ.

Roßmann ist ein begeisterungsfähiger Mensch. Und so begeisterte er sich so stark für die Psychologie, dass er schließlich selbst eine Ausbildung zum Gestalttherapeuten und in Themenzentrierter Interaktion begann. Er schrieb sogar gelegentlich in Fachzeitschriften über psychologische Themen und schickte seine Führungskräfte in gruppendynamische Kurse.

Als ich ihn das erste Mal zu Hause besuchte, sagte Roßmann nach etwa zwei Stunden: »Herr Zitelmann, Sie sind ein hochintelligenter Mann, aber Sie sind ja nicht erwachsen. Wissen Sie das?« Er hatte mich in zwei Stunden so gut durchschaut, wie sonst nur meine langjährige Freundin Trang, die stets meint, ich sei eigentlich wie ein Kind.

Was Roßmann sein Leben lang antrieb, ist ein ungeheurer Freiheitsdrang. Er ist kein Mann, der Wert auf Luxus und teure Konsumgüter legt. Im *manager magazin* ließ er sich neulich mit Jeans und Hemd lässig abbilden – der Mann braucht keinen Schlips, um ernst genommen zu werden. Er ist heute mehrfacher Milliardär, einer der reichsten Deutschen. Forbes schätzt sein Nettovermögen auf 4,6 Milliarden Dollar. Aber er fährt ein altes Auto, hat ein altes Handy (kein Smartphone), besitzt weder Jacht noch Jet und gibt nur für Bücher gerne viel Geld aus, und wenn er verreist, geht er natürlich gerne in ein gutes Hotel.

Geld ist für ihn ein Mittel, um frei und unabhängig zu sein: »Der Mensch braucht Geld, um frei zu sein. Eine simple Weisheit. Und ich wollte so viel Geld verdienen, dass ich unabhängig war und in der Lage, entscheiden zu können, was ich tun möchte«, sagt er.

Freiheit und wirtschaftliche Unabhängigkeit

Das war auch das Motiv, selbstständig zu werden. Er »wollte niemandem Rechenschaft ablegen müssen, niemals Befehlsempfänger sein. Lieber wollte ich einmal einen kleinen Kiosk an der Ecke unserer Straße betreiben, als dass ich eine gut bezahlte Stelle in einem Unternehmen annahm, in dem ein Chef das Sagen hatte.«

Freiheit gehe immer einher mit einer finanziellen, einer wirtschaftlichen Unabhängigkeit. Auch dieses Motiv verbindet ihn – wie übrigens viele andere Dinge auch – mit den Reichen, die ich für meine Dissertation *Psychologie der Superreichen* interviewt habe.

Wie die meisten erfolgreichen Unternehmer berichtet er, dass er sich bei allen wichtigen Entscheidungen mehr auf sein Bauchgefühl als auf seinen Kopf verließ. Bauchgefühl ist freilich nichts Irrationales, sondern nur ein anderes Wort für implizites Wissen, also ein Ergebnis von impliziten Lernprozessen. »Bis heute bin ich ein intuitiver Mensch. Wenn mir mein Gefühl etwas sagte, habe ich mich daran gehalten, egal wie verlockend etwas war. Sagte mein Bauchgefühl Nein, ließ ich die Finger davon«, sagt Roßmann.

Der Psychologe Gerd Gigerenzer betont insbesondere den Wert der Intuition. Eine Intuition oder ein Bauchgefühl, so Gigerenzer, ist ein Urteil,

1. »das unvermittelt im Bewusstsein auftaucht,
2. dessen tiefere Gründe uns nicht ganz bewusst sind,
3. das stark genug ist, um danach zu handeln«.

Es handle sich dabei um eine Form unbewusster Intelligenz. »Die meisten Regionen unseres Gehirns sind unbewusst, und wir wären wohl verloren, ohne den dort gespeicherten immensen Bestand an Erfahrung. Rechenintelligenz mag bei bekannten Risiken ausreichend sein, doch angesichts von Ungewissheit ist Intuition unentbehrlich«, so Gigerenzer.

Eine Untersuchung von 83 Nobelpreisträgern in Wissenschaft und Medizin ergab, dass 72 von ihnen die Bedeutung der Intuition für ihren Erfolg stark betonten. Und in den Interviews für meine Dissertation betonten die meisten Unternehmer, dass sie eher mit dem Bauch entscheiden.

Manche klugen Leute, so zitiert Roßmann seinen Freund Claus Bingemer, den Gründer der Hannover Rück, seien deswegen nicht erfolgreich, weil sie zu viel über alles nachdenken, nur die Risken sähen und abwägten. »Der weniger Kluge – aber vielleicht Cleverere –, der macht einfach etwas. Der hadert nicht ständig.« So machte Roßmann beispielsweise einem Taxifahrer, der ihm gefallen hat, spontan ein Jobangebot – und der stieg bis ins mittlere Management seiner Firma auf.

Krise als Ausgangspunkt für Änderungen

Roßmann beschreibt auch die Krisen und Rückschläge, die er durchmachte. Die Schuld dafür suchte er nicht bei anderen, sondern bei sich selbst – auch eine Gemeinsamkeit, die ihn mit den Interviewpartnern in meiner *Psychologie der Superreichen* verbindet. Er verzettelte sich in Konflikten mit großen Kosmetikherstellern und machte hoch riskante Geschäfte an der Börse, wo er beispielsweise ein Geschäft mit Put- und Call-Optionen abschloss, bei dem er 100 Millionen D-Mark einsetzte. Wenn ich selbst Dirk Roßmann einen einzigen Tipp geben dürfte, wäre es der, nicht mehr an der Börse zu spekulieren, obgleich er das in letzter Zeit mit großem Erfolg getan hat.

Mit 50, als sich sein Unternehmen in der schwersten Krise befand, hatte er einen Herzinfarkt. Selbstkritisch analysierte er, dass er den Fokus verloren hatte – mit all seinen Aktienspekulationen und nervenaufreibenden Prozessen mit der Kosmetikindustrie.

Die Krise war jedoch der Ausgangspunkt für viele Änderungen, die das Unternehmen wieder extrem erfolgreich machten. So fing er beispielsweise an, Eigenmarken zu produzieren, mit denen sich sehr viel mehr verdienen lässt als mit dem Absatz von Produkten anderer Produzenten. Roßmann gelang es, so wie allen Erfolgsmenschen, aus Niederlagen Siege zu machen.

Was ich an Roßmann aber am meisten schätze, sind seine Ehrlichkeit und Warmherzigkeit. Aus Untersuchungen wissen wir, dass die meisten Menschen Reiche für unehrlich halten. Wir wissen aber auch, dass die Menschen, die selbst Reiche persönlich kennen, diese meist für ehrlich halten.

Roßmann ist ein ehrlicher Mensch, auf dessen Meinung ich daher viel gebe. Wenn er mich oder ein Buch von mir lobt, weiß ich, dass es ehrlich ist, weil er mir auch sagt, wenn er glaubt, dass ich danebenliege.

Man könnte noch so viel über ihn sagen, vor allem, dass er neugierig ist und stets neue Herausforderungen sucht. Vor einigen Jahren ist er sogar Schriftsteller geworden und hat angefangen, Bücher zu schreiben. Auch damit ist er überaus erfolgreich und brachte es mit jedem seiner Bücher auf die *SPIEGEL*-Beststellerliste. Und wenn er irrte mit manchen Prognosen, dann gab er das mit entwaffnender Ehrlichkeit zu.

Dirk Roßmann ist für mich vor allem ein Meister der Menschenkenntnis. Wenn Sie ihn kennenlernen, wird er Sie blitzschnell analysieren. Aber nicht theoretisch, sondern intuitiv. Und nicht, um einen Vorteil für sich zu gewinnen, sondern um Sie zu verstehen. So, wie er auch die Wünsche seiner Kunden besser versteht als viele seiner Wettbewerber. Denn Milliardär wurde er dadurch, dass er diese Bedürfnisse besser und schneller erfasste als viele seiner Wettbewerber, die auf der Strecke blieben.

Teil 2: So retten Unternehmer die Welt!

Warum Unternehmer das Leben auf unserem Planeten in jedem Bereich besser machen

4 Unternehmer retten die Welt!

Ich sage nicht umsonst: Unternehmer retten die Welt. In diesem Teil des Buches schauen wir uns einige Bereiche des Lebens an, in denen Unternehmer zu den Rettern unserer Welt werden – jeden Tag aufs Neue.

5 Unternehmer retten die Umwelt und das Klima!

In der ARD-Talkshow *Deutschland3000* stritten die SPD-Politikerin Jessica Rosenthal und ich über Klimaschutz und Unternehmertum. Sie behauptete: »Wir müssen noch mal eine industrielle Revolution stemmen, wenn es um den Umbau der Energieinfrastruktur geht.« Ich bin ihr direkt ins Wort gefallen und habe gekontert: »Die müsst nicht ihr stemmen, die müssen wir stemmen.« Politiker glauben gerne, dass sie die Dinge im Land bewegen, und erwecken manchmal den Eindruck, als würden sie das gar bezahlen. Falsch. Unternehmer müssen letztlich die Suppe auslöffeln, die Ärmel hochkrempeln und den ganzen Spaß bezahlen. Ein weiteres eindrucksvolles Beispiel, dass den Unternehmern kein Respekt mehr entgegengebracht wird – besonders nicht von der linken Politik.

In einem Interview bei *ZDFheute live* war ich im Streitgespräch mit einem Sprecher der »Letzten Generation«. Ich habe deutlich gemacht, dass die CO_2-Einsparungen weltweit eher eine Fantasie bleiben. Denn selbst wenn die westliche Hemisphäre komplett aufhören würde, CO_2 auszustoßen, werden die Entwicklungsländer weiter Gas geben, um der Armut zu entkommen. Industrielles Wachstum – und damit mehr Wohlstand – werden diesen Ländern wichtiger sein als CO_2-Budgets. Und das ist völlig nachvollziehbar.

Wenn es um unsere Welt und das Klima geht, wird seit geraumer Zeit systematisch und schier unablässig gegen Unternehmer gehetzt. Linksgerichtete, aktivistische Vereine wie Oxfam schüren seit Jahren eine negative Stimmung gegen Unternehmen und vermögende Personen (die in der Regel ebenfalls Unternehmer sind). Dabei können sie auf die Hilfe der Medien zählen, denn die brutalen Überschriften des Vereins sorgen für Klicks. Eine Pressemitteilung trug zum Beispiel die Headline: »Oxfam-Studie: Ein Milliardär ist so klimaschädlich wie eine Million Menschen – Privatjets, Superjachten, Luxusvillen – all das verursacht Emissionen«. Dass solche Headlines Klicks bringen und Einschaltquoten garantieren, dürfte auf der Hand liegen. Das Problem: Es ist gelogen. Zumindest wird hier stark mit Irreführung gearbeitet. Denn erstens ist Oxfam kein wissenschaftliches Institut, sondern ein aktivistischer Verein. Er hat also einseitige Ziele, keine neutrale Ausrichtung. Zweitens handelt es sich darum bei den sogenannten Oxfam-Studien gar nicht um Studien. Sie werden weder in wissenschaftlichen Publikationen durch andere Wissenschaftler diskutiert noch auf solider Datengrundlage erstellt. In den Fußnoten der Berichte finden sich immer wieder Sternchen, die darauf hinweisen, dass es sich lediglich um Schätzungen handelt. Also keine validen Datenreihen, mit denen hingegen eine Studie arbeiten muss. Oxfam spricht in den Headlines gerne selbst von Studie, im Kleingedruckten aber weisen sie darauf hin, dass es keine Studie ist. Die Medien griffen in der Vergangenheit und auch heute noch immer wieder den Begriff Studie auf, obwohl es sich eher um einen Bericht handelt. Somit erzeugen die ketzerischen Berichte ein großes Presseecho mit einer seriösen Anmutung. Da auch die größte Presseagentur Deutschlands den Begriff Studie ungefragt übernahm, machte ich sie auf die Problematik aufmerksam. Kurze Zeit später verschwand der Begriff Studie. Da hatten es aber bereits Hunderte Medien blind übernommen.

Sehr viel irreführender hingegen sind die Aussagen und Schlussfolgerungen der Berichte. Denn hinter »Ein Milliardär ist so schädlich wie eine Million Menschen« steckt etwas ganz anderes, als man vermuten könnte. Nicht durch ihren ganz bestimmt luxuriöseren Lebensstil verursachen die Milliardäre mehr CO_2-Ausstoß, sondern durch ihre Investments. Auch das klingt erst mal nebulös. Man muss schon genau nachfragen beim Verein, was damit eigentlich gemeint sein soll. Die Antwort erstaunt: Wenn ein Unternehmer Anteilseigner seiner eigenen oder anderer Firmen ist, wird der Ausstoß des Unternehmens auf den Unternehmer umgerechnet. Das ist mit seinem *Investment* gemeint. Also nicht die Villa stößt das ganze CO_2 aus, sondern seine Aktien. Das ist für mich genau eines: eine völlig abenteuerliche Betrachtungsweise. Und dass Nachrichtenmedien weltweit diese Inhalte publizieren, ist es ebenfalls. Aber Klicks bringt es nun mal tatsächlich. By the way: Oxfam ist auch überhaupt kein Klimaschutz-Verein, sondern setzt sich für soziale Gerechtigkeit ein. Man fordert zum Beispiel seit Jahren, Reiche stärker zu besteuern. Nun wird einem auch klar, warum nicht der arme Pakistani mit seinem Kohleofen in deren Headlines steht, sondern die Ultrareichen. Zudem hatte Oxfam in Entwicklungsländern mit Sexskandalen zu kämpfen, die die Glaubwürdigkeit infrage stellten.

Aber gehen wir näher auf den eigentlichen Kern des Problems ein. Unternehmer und Milliardäre sind keine Schädlinge, wie es die Überschriften solcher Vereine suggerieren wollen. Unternehmer investieren Geld in wirtschaftliches Wachstum, das sich positiv auf viele weitere Bereiche der Gesellschaft auswirkt. Wenn ein Unternehmer Automobile herstellt oder sein Geld einem Automobilhersteller, etwa in Form von Aktienkapital, zur Verfügung stellt, dann sichert er zuerst einmal den Wohlstand des Landes und der Menschen. Durch seine Investition wird vieles erst möglich: Arbeitsplätze, Steueraufkommen und Innovationskraft. Und all die kleinen Nebeneffekte, die damit einhergehen. Erzeugt ein Herstellungsprozess auch Abfälle und CO_2? Unweigerlich. Und die Unzufriedenheit darüber treibt Unternehmer und Tüftler seit Jahrhunderten an, Lösungen stetig zu verbessern. Insbesondere die Umwelt hat davon in den letzten Jahrhunderten profitiert. Niemand würde sich heute noch wünschen, die Rauchschwaden der Fabriken oder die Autoabgase zu ertragen, mit denen Menschen damals leben mussten. Dies waren unmittelbare Umweltbelastungen, die die Menschen krank gemacht und die Lebensqualität eingeschränkt haben. Aber so bitter es ist: Der Beginn eines Prozesses ist selten schön. Die ersten Dampfmaschinen haben die Welt verändert und wir können den damaligen Investoren für ihren Mut danken. Aber gleichzeitig haben die Menschen einen Preis gezahlt. Nichts ist umsonst, auch wissenschaftliche und wirtschaftliche Innovationen nicht. Wir können dankbar sein für die stetige Unzufriedenheit früherer Generationen, die einen Stein ins Rollen brachten, gleichzeitig aber nach Lösungen suchten, es noch besser zu machen. So wie es James Watt mit seiner Dampfmaschine tat, die 60 Prozent weniger Kohle verbrannte. Der Status quo kann nie zufriedenstellend sein. Es ist immer der Ausgangspunkt, etwas weiter zu verbessern. Später haben Unternehmer die ersten Filter auf den Markt gebracht und stetig verbessert. In den entwickelten Industrienationen sehen Sie heute keine schwarzen Abgase aus Industrieschornsteinen aufsteigen. Auch Autos und Flugzeuge sondern diese nicht mehr ab. So konnte die Wirtschaft im Sinne der Menschen weiter wachsen und gleichzeitig eine sauberere Umwelt schaffen. Die nächsten großen Innovationen warten im Sektor der Brennstoffe. Wasserstoffantriebe sind bereits im Einsatz, der Wirkungsgrad und die Effizienz bei der Gewinnung werden weiter verbessert werden.

Umweltschutz sollte stets vor Klimaschutz stehen. Denn die Umwelt hat unmittelbaren Einfluss auf die Gesundheit der Menschen. Beim Klima wird das schon komplizierter. Denn dies ist die Wissenschaft der Wettermessung über einen langen Zeitraum. Dies hat in erster Linie nichts mit der Verschmutzung der Umwelt zu tun. An Wetterereignissen sterben glücklicherweise heute so wenige Menschen, wie nie zuvor in der Geschichte. Die Menschheit hat sich mit der Natur arrangiert und gelernt, wie man mit Hitze, Sturm und Hochwasser umzugehen hat. Auch hier zeigt sich natürlich immer die Unzufriedenheit. Es geht immer noch besser. Aber das ist gleichzeitig ein wichtiges Argument, den Klimaschutz nicht zu dramatisieren. Wenn man vielen Aktivisten zuhört, gehen sie vom Ende der Welt aus, wenn die Temperaturen steigen. Fakt ist, die Temperaturen werden auf jeden Fall steigen, vielleicht wie vorhergesagt, vielleicht sehr viel stärker. Aber wie schon erwähnt, kann man beweisen, dass die Menschheit in den letzten Jahrzehnten hervorragend gelernt hat, mit veränderten Wettersituationen umzugehen. Dies ist die eigentliche Fähigkeit des Homo sapiens – seine Anpassungsfähigkeit. Deshalb müssen wir unsere Energie auf Lösungswege konzentrieren, nicht auf Gejammer. Eben das tun Unternehmer immer. Sie haben in den letzten Jahrzehnten dabei geholfen, die Welt sicherer und effizienter zu machen.

Das belegt nicht zuletzt die Geschichte des Berliner Jungunternehmers Ali Al-Hakim. Dieser macht 2019 von sich reden, als er einen Preis der Kreditanstalt für Wiederaufbau (KfW) gewann. Denn er hatte eine solarbetriebene Aufbereitungsanlage entwickelt, mit der er ein großes Problem besonders in armen Ländern lösen konnte: die Versorgung mit sauberem Trinkwasser. Seine Anlage wird mit Solarenergie betrieben und wandelt Salzwasser in Trinkwasser um. Die Anlagen sind so kompakt, dass sie als *Wasserkiosk* bezeichnet werden. »In Somalia zahlen die Menschen für fünf Liter Trinkwasser einen Dollar – bei einem monatlichen Einkommen von 100 bis 150 Dollar. Das können sich nur wenige leisten. Sie trinken daher verschmutztes Wasser, das häufig Krankheiten verursacht. An unserem WasserKiosk in

Somalia kosten 1.000 Liter Wasser 50 Cent«, sagte Ali Al-Hakim gegenüber der KfW. Laut Tagesschau Online konnte er seine Anlage schon in 18 Ländern installieren und 6 Millionen Menschen Zugang zu sauberem Wasser ermöglichen. Und schließlich geht es dabei nicht nur um Wasser zum Trinken, sondern auch zur Bewässerung von Feldern, um Nahrungsmittel anzubauen.

6
Unternehmer retten die Gesellschaft und ihren Wohlstand!

Wie rettet man die Gesellschaft und ihren Wohlstand? Umverteilung wirkt dabei wie die einfachste Lösung. Aber nicht die richtige. Wenn man nur danach gehen würde, was einfach ist und wie wir unseren Wohlstand am effizientesten schützen, wäre es wahrscheinlich am besten, alle Verbrecher einfach zu erschießen. Problem beseitigt, keine Unterbringungskosten mehr, Fall abgeschlossen. Aber nur weil etwas simpel klingt, ist es noch lange nicht die richtige (und gerechte) Antwort.

Einmal anders gefragt: Wünscht sich der Großteil der Menschen eigentlich genau das – also eine große Umverteilung? Klare Antwort: nein. In der 2022 erschienenen Studie der Bertelsmann Stiftung »Gerechtigkeitsempfinden in Deutschland« gaben 85 Prozent der Menschen an, sie fänden es gerecht, dass sich die finanziellen Chancen einer Person nach deren Leistung richten soll.[9] Und das ist auch kein Wunder. Jegliche Form von Wettbewerb ermöglicht Aufstiegschancen und Fortschritt. Eine Gesellschaft profitiert von diesen fair verteilten Chancen. Gibt es nur ein (staatliches) Monopol, kann dieser Monopolist die Regeln bestimmen. Marktwirtschaftliche Monopole überleben hingegen nur kurz und wirken sich kaum schädlich auf die Marktwirtschaft aus. Im Gegenteil. Die Aussicht, ein Monopol zu errichten, motiviert Marktteilnehmer ungemein, ihr Bestes zu geben. Und das

Monopol wird nicht vom Staat bestimmt (wie in Diktaturen oder im Kommunismus), sondern vom Markt (den Kunden) dazu gemacht. Erfahrene Unternehmer wissen das. Mein guter Freund Harald Glööckler, seines Zeichens Unternehmer und Mode-Ikone, sagte mir beispielsweise Folgendes über den Einfluss von Kundenmeinungen auf sein Geschäft: »Wenn ich zum Beispiel für einen Teleshopping-Sender designe, geht es nicht darum, was ich toll finde, sondern darum, was die Kundin dieses Senders toll findet. Junge und auch reife Designer schreiben über mich: *Wann begreift dieser Glööckler endlich, dass man kräftigen Frauen weite Sachen in grau und schwarz anzieht und nicht Leopardenmuster?* Komischerweise verkaufe ich meine engen Leopardenkleider wie verrückt an die Damen. Wir Modemacher sind ja nicht dazu da, die Frauen zu kritisieren, sondern um sie einzukleiden.«[10] Man kann festhalten: Nur das tatsächlich beste Produkt wird zum Monopol gemacht. Sobald die Kunden feststellen, dass es etwas Besseres gibt, fließt das Geld (und die Marktmacht) in eine neue Richtung. Ein marktwirtschaftliches Monopol ist damit per se eine demokratische Entscheidung.

Ein unglaublich aussagekräftiges Beispiel dafür, welche Aufstiegschancen ein vom Wettbewerb getragener Markt mit sich bringt, ist die Unternehmensgeschichte von fritz-kola. 2003 haben sich zwei Hamburger Studenten auf das Abenteuer eingelassen, den größten Brausehersteller der Welt herauszufordern. Mit ihrem Ersparten von rund 7000 Euro gründeten sie fritz-kola als Alternative zu Coca-Cola. Sie betrieben, was man in der Gründerszene *bootstrapping* nennt. Mit eigenem Kapital ein Geschäft gründen – ohne Kredite oder Investoren. Als sie ein paar Kisten verkauft hatten, konnten sie mit dem Gewinn die nächsten produzieren. Sie wurden schnell zu Lokalmatadoren in Hamburg. In vielen Clubs konnte man fortan fritz-kola statt Coca-Cola trinken. Natürlich hat das US-Unternehmen einen riesigen Vorsprung. Nicht nur, dass es über nahezu unbegrenzte Mittel verfügt, sondern das Unternehmen hat auch weit über 100 Jahre mehr auf dem Buckel. Dennoch haben es die Hamburger geschafft, bei den Softgetränken sagenhafte 80 Prozent Marktbekanntheit zu erlangen.[11] Damit liegen sie nur 8 Prozent hinter Schweppes, obwohl die Marke schon 240 Jahre am Markt ist.

Der Fall fritz-kola zeigt: Vom Wettbewerb profitieren nicht nur die Teile der Gesellschaft, die sowieso eine bessere Ausgangssituation haben als andere. Wie sonst wäre es möglich gewesen, dass zwei Studenten ihr Unternehmen innerhalb weniger Jahre zu einer bundesweit bekannten Benchmark machen konnten? Es ist offensichtlich: Wettbewerb rettet nicht nur die Oberschicht, sondern ermöglicht es allen, vom durch ihn ermöglichten Fortschritt zu profitieren. Der Mittelstand ist die wichtigste Säule einer hiesigen Wirtschaft, denn er ist inhabergeführt und dadurch fest in den Gemeinden verwurzelt. Auf den Veranstaltungen von *Mission Mittelstand* stehe ich regelmäßig auf der Bühne und begegne einer Vielzahl mittelständischer Unternehmer. Ins Leben gerufen hat dieses Format der mehrfach ausgezeichnete Unternehmer und *SPIEGEL*-Bestsellerautor Matthias Aumann.

*

Matthias Aumann machte sich mit 23 Jahren als Gärtner selbstständig. Aus dem Betrieb wurde später eine Aktiengesellschaft, deren Vorstandsvorsitzender er noch heute ist. Sein Bildungsunternehmen kam dazu. Inzwischen zählen Aumanns Unternehmen zu den am schnellsten wachsenden Unternehmen in ganz Europa. *Financial Times* und *FOCUS* zeichneten sie aus.

Retten Unternehmer den Mittelstand?

Von Matthias Aumann

Der Mittelstand ist das Herzstück unserer Wirtschaft, das Fundament, auf dem Wohlstand, Innovation und gesellschaftlicher Fortschritt aufgebaut sind. Doch ohne Unternehmer wäre der Mittelstand nur eine leere Hülle. Es sind die Unternehmer, die den Mut haben, neue Wege zu beschreiten, Risiken einzugehen und Verantwortung zu übernehmen – nicht nur für ihre eigenen Unternehmen, sondern auch für ihre Mitarbeiter, ihre Regionen und letztlich die gesamte Gesellschaft.

Unternehmer retten den Mittelstand, weil sie ihn gestalten. Sie sind die Macher, die Probleme nicht nur erkennen, sondern auch lösen. Denken wir an Krisenzeiten – sei es die Pandemie, wirtschaftliche Unsicherheiten oder die aktuelle Energiekrise. Es sind immer wieder Unternehmer, die mit Weitsicht und Kreativität Lösungen schaffen, neue Geschäftsmodelle entwickeln, sich den Herausforderungen stellen und durch ihre Entscheidungen Stabilität und Perspektiven bieten.

Ein gutes Beispiel dafür ist das Thema Fachkräftemangel. Viele Unternehmen könnten hier resignieren. Doch Unternehmer reagieren: Sie investieren in Employer Branding, schaffen attraktive Arbeitsplätze und bilden die nächste Generation selbst aus. Dieses proaktive Handeln zeigt, dass Unternehmer keine Opfer der Umstände sind, sondern aktive Gestalter.

Zudem sind Unternehmer diejenigen, die Innovation vorantreiben. Gerade der deutsche Mittelstand – oft liebevoll als *Hidden Champions* bezeichnet – lebt von Unternehmern, die in Nischenmärkten Weltmarktführer sind. Sie denken global, handeln lokal und schaffen Arbeitsplätze, die weit über die Region hinaus wirken.

Ohne Unternehmer gäbe es keinen Fortschritt, keine Anpassung an die sich wandelnden Bedürfnisse des Marktes und keine Zukunftsfähigkeit. Der Mittelstand ist keine Selbstverständlichkeit – er lebt von denen, die täglich Entscheidungen treffen, Verantwortung tragen und nicht aufgeben, auch wenn die Bedingungen schwierig sind.

Wenn wir also darüber sprechen, dass Unternehmer den Mittelstand retten, geht es nicht um Heldenverehrung, sondern um die Anerkennung einer Tatsache: Ohne Unternehmer gibt es keinen Mittelstand. Und ohne Mittelstand verliert unsere Gesellschaft ihre wirtschaftliche und soziale Stabilität.

Unternehmer retten den Mittelstand, indem sie ihn jeden Tag aufs Neue erschaffen, weiterentwickeln und in die Zukunft führen.

*

In einer prekären Lage war damals der Mittelständler Trigema. Als Wolfgang Grupp damals ins Unternehmen kam, spürte er, dass er Verantwortung übernehmen musste. Das bestätigte mir Wolfgang Grupp, der einmal als Deutschlands berühmtester Kaufmann bezeichnet wurde, in einer Diskussion 2014: »Als ich ins Unternehmen kam, das mein Großvater mütterlicherseits gegründet hatte, kannte ich nur die Kaufmannsgeschichte, dass er die Rechnungen stets mit Skonto zahlte und keine Schulden hatte. Mein Vater in der zweiten Generation hat damals, wie es Usus war, Diversifikation betrieben. Man hat Firmen aufgemacht, Kunststofffirma, hier noch eine, da noch eine. Die haben Millionen gekostet. Plötzlich hatten wir 10 Millionen D-Mark Schulden bei der Bank. Da habe ich mich gefragt: Wie kann man in der Gier und im Größenwahn, obwohl man doch zufrieden sein könnte, nicht zufrieden sein und immer mehr wollen und dann im Desaster sitzen? Ich musste dann meine Doktorarbeit abbrechen, das war aber kein Problem. Denn mir war eine Firma ohne Doktor lieber als ein Doktor ohne Firma. Ich bin ins Unternehmen rein und habe diese Hypothek von 10 Millionen sukzessive zurückbezahlt. Nach sechs Jahren habe ich die letzte Mark Schulden zurückbezahlt. Dann habe ich die Banken rausgeschmissen. Daraus habe ich gelernt. Mir ist nicht die Menge Geld das Wichtigste. Wenn ich heute meine Kollegen im Größenwahn sehe, dann haben die an ihrer Firma 5 oder 7 Prozent Eigentum. Bei mir in der Firma habe ich das Sagen, muss keinem Investor die Füße küssen.«

*

Vor dem Hintergrund, dass es die Unternehmer sind, die den Mittelstand retten, mutet das heute weit verbreitete Credo *Eat the rich* noch skurriler an. *Eat the rich* geht ursprünglich auf Jean-Jacques Rousseau zurück, der in der französischen Revolution den folgenden Satz geprägt hat: »Wenn die Menschen nichts mehr zu essen haben, essen sie die Reichen«. Aus diesem Satz wurde später »Eat the rich«. Doch das tatsächlich zu tun, wäre dumm. Es wäre, als würde man eine Milchkuh schlachten. Denn so, wie die Milchkuh die ihr unterliegende Nahrungskette am Leben erhält, sind es die Unternehmer, die unser gesamtes Wirtschafts- und Finanzsystem am Leben halten. Allerdings ist der Schlachtruf aus dem Feudalsystem des damaligen Frankreichs kaum auf das heutige Wirtschaftskonzept anwendbar. Denn die damals Reichen waren meist keine Unternehmer, sondern Adlige, die ihren Reichtum eher aus Raubzügen statt aus Unternehmungen zogen. Wir reden über eine Zeit, in der man Sklaven halten konnte. Mit Wirtschaft hatte das alles wenig zu tun. Heute haben wir ein modernes Wirtschafts- und Finanzsystem, das allen Beteiligten ungeachtet ihrer familiären Herkunft offensteht. Und insbesondere das Finanzsystem ist durch seinen staatlichen Einfluss fragil. Früher waren Währungen mit echtem Gold hinterlegt. Nach Abschaffung des Goldstandards hielten und halten die Zentralbanken zwar noch Gold, aber nicht mehr im Äquivalent zur Währungsmenge. Einer der bekanntesten Gold-Insider im deutschsprachigen Raum ist der Edelmetallhändler Dominik Kettner, und er hat dazu eine klare Meinung:

*

Dominik Kettner führt einen Edelmetallhandel in nächster Generation und internationalisierte das Unternehmen. Auf YouTube sahen bisher 180 Mio. Zuschauer seine Videos.

Retten Unternehmer das Finanzsystem?

Von Dominik Kettner

Die Antwort ist ein klares **JA** – Unternehmer sind nicht nur Teilnehmer, sondern fundamentale Säulen unseres Finanzsystems. Als jemand, der seit über einem Jahrzehnt im Edelmetallhandel tätig ist, erkenne ich täglich die symbiotische Beziehung zwischen unternehmerischem Handeln und finanzwirtschaftlicher Stabilität.

Lassen Sie mich dies anhand mehrerer Kernaspekte erläutern:

1. Unternehmer als Wertschöpfer
   Unternehmer sind die primären Schöpfer realer Werte in unserer Wirtschaft. Während Zentralbanken Geld drucken können, erschaffen Unternehmer tatsächliche Güter und Dienstleistungen. Diese reale Wertschöpfung ist das Fundament, auf dem unser Finanzsystem überhaupt erst funktionieren kann. **Ohne die produktive Kraft der Unternehmer wäre Geld nichts als bedrucktes Papier oder digitale Zahlen.**

2. Die Gold-Perspektive
   In meiner Rolle als CEO von Kettner Edelmetalle erlebe ich täglich die besondere Bedeutung von Edelmetallen als Sicherheit für das fragile Finanzsystem.

   Hier zeigt sich die unternehmerische Kraft besonders deutlich:

   von den Minentreibern, die unter hohem Risiko und Kapitaleinsatz die Rohstoffe fördern, über die Raffinerien und Prägestätten, die diese unter höchster Präzision zu Edelmetallen verarbeiten, bis hin zu den Händlern.

   Es ist ein komplexes Netzwerk aus unternehmerischen Aktivitäten, das die physische Basis für Währungsstabilität schafft.

3. Risikoträger und Innovatoren
   Unternehmer sind die natürlichen Risikoträger im System. Während staatliche Institutionen und Zentralbanken oft reaktiv agieren, gehen Unternehmer proaktiv voran. Sie investieren, wenn andere zögern, sie innovieren, wenn andere am Status quo festhalten. *Diese Dynamik ist essenziell für die Anpassungsfähigkeit und damit die Überlebensfähigkeit unseres Finanzsystems.*

4. Praktische Stabilisatoren
   In Krisenzeiten wie der Pandemie, der Lehman-Krise 2008 oder auch heute unter geopolitischen Spannungen zeigt sich:
   Es sind die Unternehmer, die durch schnelle Anpassung, Innovation und mutige Investitionen das System am Laufen halten und wachsen lassen.

5. Die Währungsperspektive
   Eine Währung ist nur so stark wie die Wirtschaft, die sie repräsentiert. Unternehmer schaffen durch ihre Aktivitäten erst die Grundlage für den Wert einer Währung. Das Bruttoinlandsprodukt ist letztlich nichts anderes als die Summe unternehmerischer Leistungen.

6. Vertrauensbildner
   Besonders im Edelmetallsektor wird deutlich, wie Unternehmer Vertrauen schaffen: Während Zentralbanken Gold als Reservewährung halten, sind es die Edelmetallhändler, die den physischen Markt transparent und greifbar für jedermann machen. Sie schaffen Effizient, Transparenz und Zugänglichkeit.
   Damit entsteht eine greifbare Verbindung zwischen abstraktem Finanzwesen und realen, anfassbaren Werten.

7. Zukunftsgestalter
   Unternehmer sind nicht nur Retter, sondern auch Gestalter des Finanzsystems. Sie modernisieren kontinuierlich durch:
   - neue Handelsplattformen
   - alternative Anlageformen
   - verbesserte Logistikketten

Sie passen sich nicht nur an Veränderungen an, sondern treiben sie aktiv voran.

Fazit:
Die Rettung des Finanzsystems durch Unternehmer ist kein einmaliger Akt, sondern ein kontinuierlicher Prozess. Unternehmer sind die dynamische Kraft, die das System lebendig, anpassungsfähig und damit überlebensfähig hält.

Sie:

- schaffen reale Werte
- tragen Risiken
- fördern Innovation
- bauen Vertrauen auf

Ohne diese unternehmerische Kraft wäre unser Finanzsystem ein leeres Konstrukt ohne Substanz.

In diesem Sinne sind Unternehmer nicht nur Retter, sondern die eigentlichen **Architekten eines funktionierenden Finanzsystems**. Sie verbinden die abstrakte Welt der Finanzen mit der realen Wertschöpfung und schaffen damit erst die Grundlage für wirtschaftliche und gesellschaftliche Stabilität.

*

Etwas, das Kettner in seinen Aussagen immer wieder betont, ist das Thema *Wachstum*. Kettner schreibt über die Schaffung realer Werte, die Förderung von Innovation oder die Modernisierung des Finanzsystems. All diese Dinge können unter dem Sammelbegriff *Wachstum* zusammengefasst werden. Nur wenn stetiges Wachstum herrscht, kann auch eine stabile Währung garantiert werden. Unternehmen erzielen Wachstum durch höhere Verkäufe und Erlöse. Aber was, wenn diese ins Stocken geraten? Dann suchen sie Unterstützung. Was Roland Berger für die Strategieberatung ist, ist Dirk Kreuter fürs Verkaufstraining.

Dirk Kreuter ist der bekannteste Verkaufstrainer im deutschsprachigen Raum. Der *SPIEGEL*-Bestsellerautor erhielt unzählige Auszeichnungen, darunter einen Guinness-Weltrekord für die größte Trainingsveranstaltung. Persönlichkeiten wie Oliver Kahn oder Dieter Bohlen treten regelmäßig bei seinen Managementtagungen auf.

Retten Unternehmer das Wachstum?

Von Dirk Kreuter

Fangen wir doch mal mit dem hinteren Teil der Ausgangsfrage an, mit dem Thema Wachstum:

Bei diesem Thema läuft in unserem Kulturkreis gerade etwas komplett in die falsche Richtung. Es gibt Gegenbewegungen, insbesondere in der deutschen Gesellschaft, gegen Wachstum.

Und das ist ein großer Denkfehler. Schauen wir doch mal in die Natur. In der Natur wächst alles. Wenn ein Baum nicht mehr wächst, dann ist der Baum entweder krank oder tot – oder erst das eine und dann das andere. In der Natur gibt es immer Wachstum, ja – es gibt die Jahreszeiten. Es gibt auch mal einen Winter, in dem die Natur eine Pause einlegt, aber nur, um dann im Frühling mit voller Kraft wieder Gas zu geben. Diesen Zyklus gibt es natürlich auch in der Wirtschaft. Wir kennen das alles: Wachstumszyklen und Rezessionszyklen. Und wenn wir uns das mal über Jahrzehnte anschauen, erkennen wir mehr oder weniger die Jahreszeiten aus der Natur auch im Wirtschaftszyklus wieder.

Reinhold Würth, der wirklich ein Ausnahmeunternehmer ist, ein Selfmade-Ausnahmeunternehmer, sagt: »Wenn ein Unternehmen nicht mindestens 10 Prozent im Jahr wächst, dann ist es krank.«

Und wenn wir uns die Zahlen von Würth der letzten Jahrzehnte anschauen, dann sehen wir, dass Reinhold Würth das, mit ein, zwei Ausnahmen, immer hinbekommen hat.

Wir messen in der Regel das Wachstum am Umsatz. Also Unternehmer messen Wachstum in der Regel am Umsatz, und das ist gut so. Es gibt natürlich noch andere Kennzahlen, aber der Umsatz ist wirklich wahr. Im Englischen heißt es: »Money talks« – das Geld redet. Auf Deutsch übersetze ich es mit der Formulierung: »Umsatz ist das Feedback des Marktes, Umsatz ist das Feedback der Kunden.« Wenn ein Unternehmen zu wenig Umsatz macht, dann bietet es dem Markt und den Kunden zu wenig Mehrwert. Kunden sind dann nicht bereit, ihr Geld gegen die angebotene Leistung zu tauschen. Deshalb ist Umsatz, in meiner Wahrnehmung, die wichtigste Kennzahl, um den Erfolg oder Misserfolg eines Unternehmens transparent zu machen.

Retten Unternehmer das Wachstum? Wie wäre es mit einer Gegenfrage: Wenn Unternehmer es nicht tun, wer tut es dann? In Deutschland wurde in den letzten Jahren die Staatsquote massiv erhöht. Es gibt den Irrglauben, dass der Staat für Wohlstand und Wachstum sorgt. Doch der Staat kann dies nur tun, durch mehr Schulden und geliehenes Geld, durch das Anwerfen der Druckerpresse oder durch höhere Steuereinnahmen, die der Staat dann umverteilt. Der Staat an sich erwirtschaftet nichts, er verteilt die Steuereinnahmen nur nach seiner Meinung um, aber er erschafft nichts. Selbst wenn der Staat große Aufträge an Unternehmen erteilt, Infrastrukturaufträge beispielsweise, dann werden diese auch wieder von den Steuergeldern bezahlt. Und wer zahlt die Steuern? Die indirekten Steuern in der Regel der Konsument. Womit zahlt der Konsument die Steuern? Mit dem Gehalt, mit seinem Einkommen – und sein Einkommen wird in der Regel von einem Unternehmen bezahlt. Also die indirekten Steuern der Konsumenten oder die direkten Steuern der Unternehmen kommen alle aus der gleichen Quelle. Daher, dass ein Unternehmer das Leben der Gemeinschaft verbessert, erleichtert oder sicherer macht, und die Gemeinschaft bereit ist, dafür entsprechendes Geld zu zahlen.

Zurück zur Ausgangsfrage: Wenn die Unternehmen das Wachstum nicht retten, wer rettet es dann?

*

Bei all dem darf man natürlich nicht vergessen, dass es auch sehr viele dumme Unternehmer und Kapitalisten gibt. Besonders in Zeiten der industriellen Revolution gab es Unternehmer, die ihre Arbeiter verarmen ließen. Das ist dumm und gleichzeitig kontraproduktiv, weil sich das Humankapital gegen die Interessen des Unternehmens stellt. Ein kluger Egoist und Kapitalist berücksichtigt die Interessen des anderen, um die eigenen zu befriedigen. Das sagte auch Adam Smith. Dennoch bleibt Fakt: Die Marktwirtschaft des Kapitalismus ist sozial. Denn in der Verknappung steigt die Teuerung. Fülle hingegen sorgt für niedrige Preise. Wer aber rettet die Preise? Das kann am besten derjenige beantworten, den auch die deutschen Medien fragen, wenn es um den Handel geht.

*

Roger Rankel ist der bekannteste Medienexperte für Preisgestaltung und Marketing. Die größten Konzerne der Welt vertrauen auf seinen Rat, darunter Microsoft und Allianz. Er ist außerdem Träger des Großen Preises des Mittelstands.

Retten Unternehmer die Preise?

Von Roger Rankel

ABSOLUT – und das ist entscheidend für unser wirtschaftliches Gleichgewicht.

Unternehmer sind die tragenden Säulen, die unser Wirtschaftssystem in der Balance halten. Besonders wenn es um Preisstabilität geht. In einer gesunden Marktwirtschaft sind es die Unternehmen, die durch Wettbewerb Innovation schaffen und die Preise auf fairem Niveau halten. Wo Unternehmer ihre Ideen und Produkte in den Markt bringen, entsteht automatisch Wettbewerb, und dieser Wettbewerb ist die natürliche Kontrolle für überhöhte Preise. Unternehmer sichern also nicht nur Arbeitsplätze und Steueraufkommen, sondern wirken wie ein unsichtbarer Regler, der die Preisstruktur stabil hält und für Qualität sorgt.

Apple beispielsweise hat ein begehrliches Image geschaffen, bietet ein klares Qualitätsversprechen bei solider Preiskontinuität. Durch die stetige Produktweiterentwicklung und ein smartes Serviceangebot ist Apple ein Vorbild in puncto Preisgestaltung und Kundenbindung.

In der aktuellen Wirtschaftslage – geprägt von Inflation, Lieferengpässen und geopolitischen Spannungen – spielen Unternehmer eine noch zentralere Rolle. Große, oft monopolartige Anbieter könnten ohne innovative Mitbewerber schnell Preise in die Höhe treiben. Unternehmer kämpfen hier an vorderster Front, indem sie Alternativen schaffen und zeigen, dass Wirtschaft auch anders funktionieren kann: agil, zielgerichtet und mit dem Kunden im Fokus. Gerade der Mittelstand, in dem viele innovative und flexible Unternehmer tätig sind, sorgt für ein gesundes Preis-Leistungs-Verhältnis und verhindert, dass Preise übermäßig steigen.

Ohne Unternehmer hätten wir keinen dynamischen Markt und wären auf einige wenige Großanbieter angewiesen, die Preisgestaltung und Qualität diktieren. Doch die Realität zeigt, dass es die Unternehmer sind, die den Preisrahmen durch Wettbewerb sichern. Sie machen den Unterschied und retten im besten Sinne des Wortes nicht nur die Preise, sondern auch den Wohlstand und die soziale Balance.

Unternehmer sind Macher. Unter anderem retten sie die Preise.

*

Ich schließe mich Roger Rankel da völlig an. Die freie Marktwirtschaft ist ein wichtiger Bestandteil einer freien Gesellschaft. Unsere Gesellschaft ist nicht definiert durch einen Adelsstand oder ein religiöses Kastensystem. Wir genießen Aufstiegschancen und können Vermögen aufbauen, können als Arbeitnehmer oder Selbstständiger auftreten. Die Marktwirtschaft erlaubt uns, freie Entscheidungen zu treffen, wie wir leben. Durch Steuern erlauben wir dem Staat, einen Teil unseres Einkommens umzuverteilen für Zwecke wie Sicherheit, Infrastruktur, Soziales, Bildung und Verwaltung. Und wie wir bereits gelernt haben, kommt auch der Kulturbetrieb nicht ohne Unternehmer aus. Einer der relevantesten Bereiche – zumindest in der Breite der Bevölkerung – ist der Sport. Wie wichtig Unternehmer und Macher für den Sport sind, wollte ich von Ex-Handballnationalspieler Jörg Löhr wissen.

*

Jörg Löhr stand 94-mal für die deutsche Handball-Nationalmannschaft auf dem Platz, ist deutscher Meister und mehrfacher Pokalsieger. Nach seinem Karriereende blieb er als Mentaltrainer dem Sport treu und coachte nicht nur im Handball, sondern auch in der Fußballbundesliga. Als Coach hat er einen einzigartigen Einblick hinter die Kulissen des Profisports.

Retten Unternehmer den Sport?

Von Jörg Löhr

Die essenzielle Verbindung von Unternehmertum und sportlicher Leidenschaft

Sport ist mehr als Bewegung, mehr als Wettbewerb, mehr als das Streben nach Rekorden. Sport ist Emotion. Er ist Leidenschaft, die Millionen Menschen in Stadien, vor Bildschirmen und in Vereinen verbindet. Diese Emotionen, dieses Gemeinschaftsgefühl, diese Momente des Jubels wären jedoch nicht denkbar ohne die stille, aber unermüdliche Arbeit einer ganz besonderen Gruppe von Menschen: den Unternehmerinnen und Unternehmern. Denn wenn wir an große Sportmomente denken, dann stehen sie oft auf einem Fundament, das von Unternehmern gelegt wurde. Sie investieren nicht nur Kapital, sondern auch ihre Vision, ihre Überzeugung und ihren unerschütterlichen Glauben an den Wert des Sports.

Die Arena der Möglichkeiten

Nehmen wir ein Beispiel: moderne Sportarenen. Sie sind Tempel der Begeisterung, Orte, an denen Träume wahr werden. Doch hinter jeder dieser Arenen stehen Unternehmer, die bereit waren und bereit sind, zu handeln. Unternehmer, die Risiken eingegangen sind, um etwas zu schaffen, das bleibt. Die Finanzierung solcher Projekte ist oft ein Mammutunterfangen, das ohne Innovationskraft und Mut nicht möglich wäre. Es sind die Unternehmer, die mit ihrem Weitblick Brücken bauen – zwischen Fans und Athleten, zwischen Tradition und Zukunft. Ihre Investitionen sind nicht nur finanzielle Einsätze, sondern auch ein Statement: »Wir glauben an die Kraft des Sports. Wir glauben an die Kraft der Gemeinschaft und der Emotionen.«

Sport als Spiegel unternehmerischer Werte

Unternehmer und Sport teilen aber auch zentrale Werte. Durchhaltevermögen, Teamgeist, der unbedingte Wille zum Erfolg und die Fähigkeit, in schwierigen Zeiten die richtigen Entscheidungen zu treffen – all das macht sowohl erfolgreiche Unternehmer als auch Top-Sportler aus.

Diese Parallelen schaffen eine Verbindung, die auf beiden Seiten zu Höchstleistungen inspiriert. Unternehmer unterstützen den Sport aber nicht nur finanziell, sondern auch ideell. Sie bringen ihre Machermentalität ein, lösen Probleme, schaffen Strukturen und fördern Innovationen, die den Sport auch für zukünftige Generationen sichern.

Emotionen als Erfolgsfaktor

Eine ausverkaufte Arena. Das gemeinsame Singen von Vereinshymnen. Der Moment, in dem ein entscheidendes Tor fällt und das Stadion in Ekstase ausbricht – all das wäre ohne die Unterstützung durch Unternehmer nicht möglich. Denn hinter jedem sportlichen Highlight stehen Investitionen beispielsweise in die Infrastruktur, in die Nachwuchsförderung und die Professionalisierung von Teams.

Doch es geht um mehr als nur Geld. Viele Unternehmer ermöglichen diese Momente, weil sie an den Wert glauben, den diese Emotionen für die Menschen haben. Sie verstehen, dass Gemeinschaft und Zusammenhalt uns stärker machen – als Individuen und auch als Gesellschaft.

Sport als gesellschaftlicher Anker

In einer immer komplexer werdenden Welt wird der Sport oft zu einem Anker für Gemeinschaft. Egal, ob auf dem Spielfeld, im Stadion oder im Verein: Sport verbindet.

Und Unternehmer leisten ihren Beitrag dazu, dass diese Verbindung hält. Sie fördern nicht nur Spitzenleistungen, sondern unterstützen auch Breitensport, Jugendprogramme und soziale Initiativen. Das macht den Sport zu einem Ort der Hoffnung – für zum Beispiel benachteiligte Kinder, für gesellschaftliche Integration und für das Fortbestehen kultureller Werte.

Ein Applaus für die Macher hinter den Kulissen

Wenn Fans jubeln, Spieler feiern und Trainer Siege analysieren, dann stehen die Unternehmer oft bescheiden im Hintergrund. Doch ihr Beitrag ist unverzichtbar. Sie sind meist die Architekten der Plattformen, auf denen diese Geschichten geschrieben werden.

Unternehmer retten den Sport nicht nur – sie machen ihn erst möglich. Sie schaffen Orte der Begegnung, Momente des Glücks und die Grundlagen für eine bessere Gesellschaft.

Dafür gebührt ihnen unser Respekt, unser Dank und unser Applaus. Wenn ich unter all diese Gedanken einen Strich ziehe, dann steht darunter: Ohne Unternehmer würde dem Sport der Atem fehlen, um Großes zu leisten. Ihre Visionen und ihr Engagement sind der Treibstoff, der Emotionen entfacht und Gemeinschaft stärkt. Sie retten den Sport nicht nur – sie gestalten seine

Zukunft. Und damit schaffen sie etwas, das weit über den Sport hinausgeht: eine Inspiration für uns alle, Großes zu wagen.

*

Das Wirtschafts- und Finanzsystem, positives Wachstum, günstige Preise und selbst Sport – all diese Facetten unseres Wohlstands haben eine Sache gemeinsam: Sie werden von Unternehmern am Leben gehalten.

7 Unternehmer retten den Fortschritt

Wir unterschätzen regelmäßig die Innovationskraft unserer Spezies. Wie oft in der Vergangenheit mussten wir uns schon anhören – oft von selbsternannten Experten –, diese und jene Entwicklung sei nun an ihrem Zenit angelangt. Kleiner geht es nicht, größer geht nicht, schneller geht nicht und so weiter und so fort. Ein Elektroauto könne keine großen Distanzen zurücklegen. Eine Rakete kann nicht wieder landen. Ein Computer kann nicht denken wie ein Mensch. Roboter können keine Haare schneiden. Mehr als ein Gigabyte passen nicht auf einen Speicherstick. Diese Liste ließe sich beliebig und endlos fortsetzen. Auch heute treffen wir auf diese Skepsis, die sich zu einem großen Teil als unwahr herausstellen wird. Natürlich können Elektroflugzeuge weite Strecken fliegen, nur heute noch nicht. Natürlich gibt es ungefährliche Atomenergie, nur heute noch nicht. Natürlich können Roboter Haare schneiden, und das tatsächlich schon seit einigen Jahren. Googeln Sie es. Und bis dieses Buch erschienen ist, werden weitere Dinge möglich sein, von denen sogenannte Experten heute behaupten, es ginge nicht.

Fortschritt unterscheidet sich insofern von Wachstum, als dass man auch mit bestehenden Produkten wachsen kann. Man muss nur mehr davon verkaufen. Fortschritt auf der anderen Seite erfordert ein völlig neues Produkt. Wachstum in der Mobilität hätten unsere Vorfahren auch durch mehr

Pferde erreichen können. Fortschritt war hingegen nur mit einer Neuentwicklung der Mobilität möglich, mit dem Motorwagen. Mitverantwortlich dafür ist der eiserne Wille, den viele Unternehmer an den Tag legen. Ein Nein akzeptieren sie nicht. Diesen unbändigen Willen geben viele Unternehmer sogar an ihre Kinder weiter. Robert Geiss antwortete mir beispielsweise einmal wie folgt auf die Frage, welche Werte er seinen Kindern mitgeben wolle: »Zielstrebigkeit, Ehrgeiz zu haben und seine Vision durchzusetzen. Egal, was sie machen wollen, das Thema muss zu Ende geführt werden.«[12] Seine Frau Carmen ergänzte: »Auf keinen Fall aufgeben, das ist eigentlich das Entscheidende.«[13] Steve Jobs war sogar dafür bekannt und gefürchtet, dass er ungemütlich wurde, wenn seine Ingenieure ihm sagten, etwas werde nicht möglich sein, was er sich wünschte. Er wollte alles noch kleiner, eleganter, leiser, effizienter, leistungsfähiger. Er brachte seine Entwickler zur Weißglut, wenn er behauptete, etwas sei möglich, von dem sie selbst überzeugt waren, dass es nicht möglich sei. Doch mit Jobs war kein Kompromiss zu machen. Und in der Regel widerlegten sich die Entwickler selbst, weil sie gezwungen waren, den Wunsch des Chefs umzusetzen. Sie taten das angeblich Unmögliche. Das bringt mich zu einem weiteren Punkt auf meiner Liste. Wer das Unmögliche wahrmachen will, muss vor allem eines sein: kreativ. Aber wie entsteht Kreativität und sind die Probleme unserer Zeit Hindernis oder Sprungbrett auf dem Weg zu neuen Lösungen? Wenn die Antwort jemand kennt, dann wohl Hermann Scherer, der mit dem Begriff Chancenintelligenz berühmt wurde. Dabei hat ihm auch ein ehemaliger US-Präsident geholfen.

*

Hermann Scherer ist mehrfacher *SPIEGEL*-Bestsellerautor und gilt als einer der wichtigsten Managementberater des Landes. Als erstem Deutschen gelang es ihm, den damaligen US-Präsidenten Bill Clinton nach dessen Amtszeit als Redner für einen Kongress zu gewinnen. Sein Beratungsunternehmen wird von der Presse jährlich zu den schnellst wachsenden gezählt.

Retten Unternehmer die Kreativität?

Von Hermann Scherer

Unsere Wirtschaft besteht daraus, Probleme zu lösen.

Die Probleme sind unterschiedlicher Natur und branchenabhängig, aber immer geht es darum, etwas zu verändern und im besten Fall nachhaltig zu verbessern. An diesem Kernpunkt setzen Unternehmer an. Sie erkennen neue Marktlücken, entwickeln ihre Ideen und bauen etwas auf. Sie haben Visionen, denken innovativ und übernehmen Verantwortung für ihre Dienstleistung oder ihr Produkt. Unternehmer besitzen Chancenintelligenz, denn jedes Problem ist ein noch nicht gegründetes Unternehmen und je größer die Problemlösung ist, umso größer ist die Wertschätzung, die sich wiederum in der Wertschöpfung widerspiegelt. Jeder Unternehmer löst ein Problem und hebt das Leben der Menschheit auf diese Weise auf ein neues Level. Dazu bedarf es Kreativität:

Wie kann die Welt aussehen?

Was will ich verändern?

Wie erreiche ich dieses Ziel?

Problemlösungskompetenz lässt sich jedoch nur durch Problemerkennungskompetenz erreichen. Unternehmer gehen mit offenen

Augen durch diese Welt, mit Motivation, Wille und Innovationsgeist. Es gibt Millionen von Problemen und deshalb gibt es auch Milliarden an Möglichkeiten, diesen Markt mit Geschäftsideen aktiv mitzugestalten und nachhaltig zu prägen.

Unternehmer gehen neue Wege, anstatt an alten Strukturen festzuhalten oder tatenlos abzuwarten. Denn Glück ist eine Überwindungsprämie und der Umsetzungsmoment ist der Schlüssel zum Erfolg. Zu viele Menschen verbringen ihr Leben auf der Wartebank, zerdenken neue Perspektiven, hoffen nur auf etwas und diese Hoffnung zerstört ihre Initiative und aktive Handlungsfähigkeit. Erfolg ist kein Zufall. Wir können alles lernen und ausprobieren. Sobald wir über den Tellerrand hinausblicken, befinden wir uns in einer Lernzone, in der neue Erfahrungen gesammelt und die eigenen Skills verbessert werden. Und das ist elementar wichtig, weil auch Scheitern zum Unternehmertum gehört. Unternehmer sehen und ergreifen Chancen auch in Krisen, weil Perfektion eine gelernte Illusion ist und sich in jeder Chance unsere Betrachtungsweise und Haltung widerspiegelt. Für diese Sichtweise brauchen wir jedoch die Überzeugung, dass wir selbstwirksam sein können. Nur dann kann sich die Kraft entfalten, an sich selbst zu glauben. Häufig reicht schon eine kleine, kreative Idee, um den Wert eines Produkts stark zu steigern. Doch dafür muss man bereit sein, den Status quo loszulassen, gewohnte Denkbahnen verlassen und mit Kreativität und Leidenschaft neue Ideen angehen. Viele Menschen bleiben unter ihren Möglichkeiten und viele Unternehmen versinken im Mittelmaß. Durchschnittsprodukte zu Durchschnittspreisen bringen durchschnittliche Erlöse und durchschnittliche Anerkennung. Qualität allein reicht schon lange nicht mehr aus, um am hart umkämpften Markt erfolgreich zu sein und nachhaltig in Erinnerung zu bleiben. Die Qualität muss sichtbar sein, denn Qualität findet im Kundenkopf statt und Leistung wird erst zum Wert, wenn sie verkauft wurde. Aufmerksamkeit ist die Währung unserer Zeit, die Motivation, die Extra-Meile zu gehen, und die Bereitschaft, den Preis von Mühe,

Fleiß und zeitweisem Verzicht zu zahlen, sind wichtige Faktoren, die Unternehmer zu Gewinnern machen. Deshalb muss man als Unternehmer den Mut haben, auch gelegentlich Regeln zu brechen, nichtlineare Sprünge zu wagen, um die Ecke zu denken und den Fokus neu auszurichten. Unternehmer treffen Entscheidungen, schaffen Arbeitsplätze, erzielen Umsätze und spielen eine wichtige Rolle für Wirtschaft und Gesellschaft. Sie machen unseren Markt vielfältig, spannend und erfolgsversprechend. Unternehmer sind kreativ, weil sie regelmäßig die Perspektive wechseln, echte Mehrwerte stiften, Durchbrüche schaffen und auf innovative Art und Weise ihre Realität verhandeln, Erfolgspotenziale aktivieren und ihre Angebote als unwiderstehlich optimieren. Fokus auf Vollgas, klare Kommunikation, Ergebnisse und Umsatz. Mit Blick auf den Horizont arbeiten Unternehmer nicht nur im Unternehmen, sondern am Unternehmen. Unternehmer sind elementare Rettungspfeiler und Inspirationsquellen für Kreativität, Wirtschaft, Menschheit und Fortschritt.

*

Doch warum ist es eigentlich so wichtig, die Kreativität zu retten? Aus angewandter Kreativität resultieren Ideen. Und Unternehmer nutzen Ideen und wissenschaftliche Erkenntnisse, um marktfähige Produkte daraus zu entwickeln. Die sogenannte R&D-Abteilung ist die wichtigste im Unternehmen. Die Abkürzung steht für Research and Development – Forschung und Entwicklung. Manchmal beschäftigen Unternehmer Forscher, manchmal sind Forscher und Unternehmer dieselbe Person. Manchmal werden Tüftler selbst zu Unternehmern.

In den vergangenen Jahrhunderten haben wir viele eindrucksvolle Beispiele erfolgreicher Unternehmer gesehen, die den Fortschritt der Welt maßgeblich beeinflusst haben.

Die Entwicklung der kommerziellen Dampfmaschine durch James Watt hat Anfang des 19. Jahrhunderts einen Paradigmenwechsel ausgelöst. Die Industrie und die Fortbewegung waren nicht mehr von menschlicher oder tierischer Kraft abhängig und plötzlich in der Lage, ungeahnte Probleme zu lösen.

Die Entwicklung des Automobils durch Carl Benz 1886 markierte einen Meilenstein in der Fortbewegung beziehungsweise des Individualverkehrs. Menschen konnten nun große Strecken relativ bequem zurücklegen. Auch Lasten konnten in der Folge leichter von A nach B transportiert werden. Weltweit wurde das Konzept des Automobils kopiert. Doch die Fahrzeuge waren für viele Menschen mit geringerem Einkommen nicht erschwinglich. Der Unternehmer Henry Ford aus Chicago führt in seiner Autofabrik 1913 ein Fließband ein, das er sich in einem Schlachthof abgeschaut hatte. Die Fließbandproduktion ermöglichte einen günstigeren Preis der Autos und sein Ford-Modell wurde zum Kassenschlager. Anfänglich kostete der Wagen noch 850 US-Dollar. Durch die Fließbandproduktion konnte der Preis auf 300 US-Dollar sinken. Die Kunden trauten ihren Augen kaum. Gleichzeitig verdeutlicht dies einen typischen Effekt bei Innovationen. Anfänglich sind neue Produkte teuer und nur für eine bestimmte Kundengruppe erschwinglich. Durch Wettbewerb und Massenproduktion sinken die Preise dramatisch, sodass auch Menschen mit niedrigem Einkommen von Produktinnovationen profitieren können. Übrigens wurde Henry Ford für noch etwas berühmt: für den Acht-Stunden-Tag. Obwohl Ford weniger für seine Autos verlangte, sorgten die hohen Absatzzahlen für außerordentliche Gewinne. Weil er wusste, dass Erfolg keine Einbahnstraße ist, verdoppelte er den Stundenlohn seiner Angestellten und begrenzte die Arbeitszeit pro Tag auf acht Stunden, was damals unüblich war.

Dass wir Thomas Edison die kommerzielle Glühbirne zu verdanken haben, ist den meisten Menschen bekannt. Zwar hatten schon vor ihm Erfinder mit einer Glühbirne hantiert. Jedoch wollte keine dauerhaft brennen, und vermarkten ließ sich das sowieso nicht. Edison hatte den Wolfram-Draht gewählt und damit einen Kassenschlager gelandet. Edison hatte ebenso viel Unternehmerblut wie Erfindergeist in sich. Denn ihm war klar, dass seine Glühbirnen eine konstante Stromversorgung bräuchten, um ein dauerhafter Erfolg zu sein. Bisher brauchte jedes Haus sein eigenes kleines Dampfkraftwerk, um die Birnen zu betreiben. Ab 1881 konzentrierte er sich darauf, ein Elektrizitätsnetzwerk aufzubauen. Mit zentralen Kraftwerken, die ganze Städte mit Strom versorgen sollten, indem Kabel zu den Häusern gelegt wurden. Das Konzept der Stadtwerke war geboren. So entstand Schritt für Schritt die Edison General Electric Co., aus der später General Electric wurde. Sein Konzept, jedes Haus einer Stadt mit einem zentralen Kraftwerk zu verbinden, revolutionierte die Welt.

1941 stellte der deutsche Unternehmer und Ingenieur Konrad Zuse den ersten funktionsfähigen Computer der Welt vor. Es war ein vollautomatischer Rechner mit Speicher und einer Zentralrecheneinheit bestehend aus Telefonrelais. Einen großen kommerziellen Erfolg erzielte Zuse damit allerdings nicht. Es waren eher Universitäten und Verteidigungseinrichtungen, die sich für das Gerät interessierten. Aber auch Großkonzerne wurden auf die Erfindung aufmerksam. Durch nicht erteilte Patente wurde es für andere leichter, das Gerät zu kopieren. IBM entwickelte die ersten Großrechner, jedoch ebenfalls auf Industrie- und Forschungsebene. 1975 kam der erste tragbare Computer bei IBM heraus. Mit 9000 Dollar war dieser aber so teuer (heute umgerechnet über 40.000 Euro), dass es kein kommerzieller Erfolg wurde. Erst Steve Wozniak entwickelte 1976 einen Heimcomputer, der mit 666 US-Dollar auch für Privathaushalte erschwinglich war. Zusammen mit seinem Geschäftspartner Steve Jobs brachte er den Apple 1 auf den Markt. Kurze Zeit später folgte der Apple 2, der zum Welterfolg avancierte und die beiden Gründer in den Olymp der

Computerpioniere katapultierte. In der Folge ermöglichten es Computer weltweit, komplexe Probleme zu lösen und Arbeiten zu erleichtern. Besonders der Effizienzgewinn geht auf die Einführung von Computern zurück.

Durch Unternehmen wie AOL, Netscape und Microsoft entdeckten immer mehr Menschen das Internet. Die Anbieter machten sich das von Tim Berners-Lee entwickelte HTML-Protokoll zunutze und eröffneten der Menschheit eine neue Welt. Oder anders gesagt, sie gaben den Menschen Zugang zur ganzen Welt. Innerhalb weniger Sekunden konnte man nun virtuell an fremde Orte reisen, mit Menschen aus der ganzen Welt kommunizieren und seine eigenen Ideen präsentieren. Ebenso wurde Menschen eine neue Methode eröffnet, Handel zu betreiben. Plötzlich konnte jeder Mensch, der Zugriff auf einen PC mit Internetanschluss hatte, am globalen Handel teilnehmen. Ein neues Zeitalter begann, das sowohl die Information, die Kommunikation als auch den Handel revolutionierte.

Die Information war ein grundlegendes Element des Internets. Es gab zwar Zugang zu sämtlichem Wissen, aber keine Ordnung. Woher sollte der Nutzer wissen, wo er suchen sollte? Das brachte zwei Stanford-Studenten auf den Plan, Larry Page und Sergey Brin. Sie lernen sich 1995 auf dem Campus kennen und formulierten den Plan, das gesamte Internet herunterzuladen und für ihre Suchmaschine zu organisieren. So brauchten Nutzer nicht mehr die Adresse der Seite zu kennen, auf denen sich die Informationen verbargen, die sie suchten. Sie mussten ihren Suchbegriff nur noch in die Maske eintippen und ihr Register, das sie Google nannten, spuckte die richtige Seite aus beziehungsweise schlug eine Reihe von Seiten vor, auf denen die Information zu finden war. Google ist heute die erfolgreichste Suchmaschine der Erde und eine der wertvollsten Marken überhaupt.

Mit der Erfindung des Smartphones wurde das Internet dann fester Bestandteil unseres Alltags. Wie der US-Tech-Unternehmer Gary Vaynerchuk sagte, wurde das Smartphone zur *Remote control of our reality*, also zur Fernbedienung unserer Realität. Wir müssen nicht mehr ins Internet gehen, zum Beispiel an einen Computer-Arbeitsplatz, sondern das Internet begleitet uns permanent auf Schritt und Tritt in unserem Alltag. Wir leben seitdem praktisch zur Hälfte in der Realität, zur Hälfte im Cyberspace. Erst 2007 brachte Apple unter Steve Jobs ein Smartphone namens iPhone heraus. Die Jahre zuvor waren für Apple keine besonders erfolgreichen. Die Veröffentlichung des iPhones veränderte die Unternehmensgeschichte komplett. Auch wenn es schon vorher Smartphones auf dem Markt gab, hat Apple mit seinem Bildschirm und den Apps die Anwendung revolutioniert. Insbesondere die Möglichkeit, Bilder und Videos und sogar Live-Übertragungen direkt ins Netz zu stellen, veränderte auch die Wahrnehmung der Realität. Die Menschheit rückte virtuell näher zusammen. Nun sah man live die Lebensrealitäten in fernen Ländern, man war Zeuge von Regierungsumstürzen oder Naturkatastrophen. Dabei halfen besonders die sozialen Netzwerke wie das von Mark Zuckerberg entwickelte Facebook. 2004 ging seine Plattform in den USA an den Start. Auch wenn es vorher bereits kleinere Versuche von sozialen Netzwerken gab, wie myspace 2003, sorgte der Freundschaftsbutton der Seite für schnelles Wachstum. Schon bald war die Seite in vielen Ländern die Nummer eins. Mittlerweile ist Facebook die erfolgreichste Plattform der Welt mit rund 2,9 Milliarden monatlichen Nutzern. Unter dem Facebook-Dach wurden später weitere Dienste zusammengefasst, beispielsweise Instagram und WhatsApp. Die Plattform machte nicht nur Mark Zuckerberg zu einem der reichsten Menschen der Welt, sondern auch viele seiner Nutzer. Denn jetzt hatten Menschen aus den entlegensten

Ecken der Welt die Möglichkeit, für ihre Produkte zu werben und Kunden direkt anzusprechen. Kostenlos.

*

All diese Dinge sind Symptome dessen, was wir unter dem Sammelbegriff *Fortschritt* verstehen. Sie zeigen auf beeindruckende Art und Weise auf, welch weitreichende Entwicklungen die Menschheit bewerkstelligen kann, wenn sie die ihr zur Verfügung stehenden Mittel mit Kreativität und dem Willen zum Erfolg paart. Eine der wichtigsten Stimmen für Fortschritt und Marktwirtschaft in Deutschland ist Sarna Röser.

*

Sarna Röser ist eine deutsche Familienunternehmerin. Sie wurde 2022 von der Konrad-Adenauer-Stiftung mit dem *Preis Soziale Markwirtschaft* geehrt und ist seit 2023 Ehrenpreisträgerin als *Innovator des Jahres*. Sie war viele Jahre Vorsitzende der Jungen Unternehmer, ist Aufsichtsrätin bei Fielmann und war Gastjurorin bei *Die Höhle der Löwen* auf VOX. Kürzlich gründete sie die Initiative *Unternehmer in Bewegung* mit.

Retten Unternehmer den Fortschritt?

Von Sarna Röser

Unternehmer sind Treiber des Fortschritts. Und Pioniere des Wandels. Die Antwort ist also definitiv: JA! Sie sind es, die mit ihren Ideen und Innovationen die Welt verbessern. Sie sind die Innovatoren, die kreative Lösungen für drängende Probleme entwickeln. Sei es im Bereich Nachhaltigkeit oder Technologie. Sie sind diejenigen, die durch ihren Mut, Risiken einzugehen, neue Wege beschreiten, andere inspirieren, Arbeitsplätze schaffen und Wohlstand generieren. Gerade unsere Familienunternehmen sind seit vielen Generationen die treibende Kraft hinter Veränderung, die unsere Gesellschaft voranbringt. Die ihr Stabilität und Sicherheit bietet. In einer Welt, die von stetigem Wandel geprägt ist, sind sie es, die mit ihrer Innovationskraft und ihrem unerschütterlichen Pragmatismus den Fortschritt vorantreiben. Sie stellen bestehende Normen infrage – und schaffen durch mutige Entscheidungen nicht nur neue Lösungen, sondern auch wirtschaftlichen Aufschwung und Stabilität.

Auch wenn Unternehmer in Deutschland eine zentrale Rolle in der Entwicklung unserer Gesellschaft spielen, kommen sie in unseren Medien und insbesondere in Film und Fernsehen meist nicht gut weg. Dass im Tatort der Mörder am häufigsten der Unternehmer ist, belegen die statistischen Auswertungen. Haben wir als Unternehmer also ein Imageproblem? Definitiv. Die Studie *Rettet den Unternehmergeist* der Strategieagentur boy zeigt auf, dass bei den meisten Befragten, auf die Frage welche Unternehmer sie kennen, die Antworten »Jeff Bezos, Mark Zuckerberg, Elon Musk, der Mörder und mein Chef« genannt werden. Das sind die realen Unternehmerpersönlichkeiten, die in Deutschland die Medienberichterstattung derzeit dominieren. Vor allem die junge Generation nennt diese Vertreter der amerikanischen Tech-Gründer am häufigsten in der Befragung. Ältere Zielgruppen nennen zusätzlich noch ein paar deutsche Traditionsfamilienunternehmen. Anhand dieser Studie lässt sich also eindeutig festmachen, welche Persönlichkeiten oft in Talkshows, Werbespots, Social Media oder den Printmedien auftauchen. Leider oft nicht gerade positiv konnotiert. Was man dagegen tun kann? Als Unternehmer selbst aktiv werden.

Fakt ist: Deutschland braucht ein eigenes und vor allem positives Unternehmerbild. Authentisch und nahbar. Und Deutschland braucht mehr Menschen, die sich für Unternehmertum begeistern. Warum das so wichtig ist? Weil es mutige Macherinnen und Macher braucht, die die Zukunft dieses Landes aktiv mitgestalten.

Ein Land, das in den weltweiten Rankings zur Wettbewerbsfähigkeit von Tag zu Tag immer weiter abschmiert. In dem das Bruttosozialprodukt sinkt, die Energiepreise und die Zahl der Insolvenzen steigen. In einem Land, in dem die Missverständnisse und die Lautstärke zunehmen und die aktuellen Krisen schier unüberwindbar scheinen, sind es die Unternehmer, die den Mut haben, weiterhin für einen erfolgreichen Wirtschaftsstandort und Fortschritt zu kämpfen. Sie sind es, die durch ihre Visionen und ihren unermüdlichen Einsatz nicht nur wirtschaftliche Stabilität schaffen und erhalten wollen, sondern auch das soziale Gefüge stärken. Unternehmer sind oft die ersten, die bestehende Probleme erkennen und pragmatische Lösungen entwickeln, die nicht nur ihre eigenen Unternehmen voranbringen, sondern auch das Land sowie das Leben vieler Menschen positiv beeinflussen. Sie agieren als Katalysatoren für den Wandel.

Die Rolle und der Wert des Unternehmertums in der Gesellschaft können also nicht hoch genug eingeschätzt werden. Und das sollte es auch. Unternehmer tragen schon seit vielen Generationen dazu bei, dass Innovationen entstehen, die das Leben der Menschen verbessern. Sie schaffen Arbeitsplätze, fördern die wirtschaftliche Entwicklung, ermöglichen Wohlstand – und treiben den Fortschritt voran. Durch ihre Aktivitäten helfen sie, gesellschaftliche Herausforderungen anzugehen und Lösungen zu finden, die für alle von Nutzen sind. Diese dynamische Beziehung zwischen Unternehmertum und Gesellschaft zeigt sich besonders in Krisenzeiten wie den jetzigen. In Zeiten von Umbrüchen und der Transformation einer Gesellschaft.

Mut ist daher eine wesentliche Eigenschaft, die Unternehmer benötigen, um derartige Herausforderungen für sich und die Wirtschaft im Gesamten zu meistern. Es erfordert Entschlossenheit Entscheidungen zu treffen, die nicht nur die eigene Zukunft beeinflussen, sondern auch Auswirkungen auf die eigenen Mitarbeiter, die Gemeinschaft und das Land haben. Genauso ist auch Pragmatismus ein entscheidender Faktor für den Erfolg von Unternehmen. Der pragmatische Unternehmer erkennt Chancen dort, wo andere möglicherweise nur Hindernisse sehen. Sie sind die Visionäre, die mit ihrem Innovationsgeist und ihrem unermüdlichen Einsatz dazu beitragen, gesellschaftliche Standards zu hinterfragen und neue Maßstäbe zu setzen. Das ist heute so – und so war es schon damals. So sind unsere Hidden Champions und unser deutscher Mittelstand vor Generationen entstanden.

Unternehmer ist kein Titel auf der Visitenkarte. Sondern eine innere Überzeugung und Geisteshaltung. Es ist der tiefe Glaube, dass die Zukunft in die eigenen Hände genommen werden muss, zum Wohle aller. Dafür legen sich Unternehmer ins Zeug, seit Jahrzehnten, manchmal seit Jahrhunderten. So haben sie zusammen mit ihren Mitarbeitern das Wirtschaftswunder geschaffen und weit mehr als die Hälfte aller Arbeitsplätze in Deutschland. Sie wollen, dass es den Menschen und dem Land gutgeht – auch in Zukunft. Und dafür setzen sie sich Tag für Tag »in Bewegung«. Als Pioniere des Wandels und Treiber des Fortschritts.

*

Ich bin vollständig davon überzeugt, dass uns durch den von Unternehmern ermöglichten Fortschritt ein neues Zeitalter der Menschheitsgeschichte unmittelbar bevorsteht: das Zeitalter der Künstlichen Intelligenz. 2015 gründeten Sam Altman und Elon Musk neben weiteren Experten OpenAI, mit der Absicht, eine generative künstliche Intelligenz zu entwickeln, die es mit dem menschlichen Intellekt aufnehmen kann. Jahre später, 2022, veröffentlichte OpenAI dann den Bot *ChatGPT.* Zum ersten Mal konnten Menschen ohne Programmierkenntnisse künstliche Intelligenz einsetzen, einfach in dem man mit der App chattete und Fragen oder Aufgaben stellt. Die Applikation wurde zur am schnellsten wachsenden Plattform aller Zeiten. Innerhalb weniger Tage registrierten sich weltweit 100 Millionen Nutzer. Schon im darauffolgenden Jahr wurde das Unternehmen mit bis zu 90 Milliarden Dollar bewertet. Die KI wird alles in den Schatten stellen, was die Welt bisher gesehen hat.

2024 baten mich die KI-Experten Oliver Schwartz und Michael Gebert, ein Vorwort für ihr vielbeachtetes Buch *KI ist Chefsache* zu schreiben. Auf der Buchmesse in Frankfurt haben wir es zusammen vorgestellt. Den Wortlaut des Vorworts gebe ich hier im Original wieder:

Werden Sie zum KI-Profiteur, nicht zum Opfer

Ich glaube nicht, dass die Menschen sich bewusst sind, wie sehr die KI gepaart mit der Robotik die Welt verändern wird. So wie es eine Zeitrechnung vor Christus und nach Christus gibt, wird sich bald in unserem Bewusstsein eine Zeitrechnung vor KI und nach KI etablieren. Bisher sehen Menschen das Thema Künstliche Intelligenz eher als Weiterentwicklung des Internets oder der Software. Wir hätten dann ein paar bessere Funktionen, man könnte den Tisch im Restaurant leichter buchen oder Schüler würden sich von der KI den Aufsatz über Goethe schreiben lassen. Wie Sie aber in diesem Buch erfahren werden, ist KI etwas viel Größeres. Statt als Werkzeug, wie bisher beispielsweise ein Computer, kann man es eher als neue Lebensform verstehen. Und das sollte man auch, um dem Ernst der Lage gerecht zu werden. Es kann gefährlich sein, wenn Menschen KI als so etwas wie einen Gameboy sehen. Andererseits dürfen wir uns auch nicht hilflos ausliefern. So soll die Künstliche Intelligenz uns in Zukunft weiterhin dienen, selbst wenn sie eine Art eigene Persönlichkeit entwickelt.

Der Mensch hat grundsätzlich Angst vor Veränderung und versucht, diese entweder aufzuhalten oder auszublenden. Aber auch wenn dieses Verhalten allzu menschlich ist, ist es in der Regel nicht nützlich. Wir beobachten die Situation gerne von der Seitenlinie aus und zögern die Entscheidung hinaus, ob wir auf den Zug aufspringen oder nicht. Die Wahrheit ist aber: Sie können heute nichts mehr bewahren, ohne es stetig zu verbessern. Die Welt bewegt sich heute schneller denn je. Sollte es je eine Zeit gegeben haben, in der Abwarten ein probates Mittel war, sie ist definitiv vorbei. Wer heute den Anschluss verliert, sieht sich einer globalen Konkurrenz ausgeliefert, die nicht nur ein bisschen schneller, sondern um ein Vielfaches schneller ist. Ein Konkurrent, der uns gestern noch knapp auf den Fersen war, ist morgen nicht nur eine Nasenlänge voraus, sondern bereits einen Kilometer. Und mit jedem Tag, der vergeht, verdoppelt sich sein Vorsprung. Das Sinnbild verdeutlicht uns, dass wir den Anschluss nicht nur vorübergehend, sondern dauerhaft verlieren. Besonders in der Bildung hat dies gravierende Folgen. Kinder, die heute schlecht ausgebildet werden, leiden ein ganzes Erwerbsleben unter der daraus folgenden Chancenungleichheit. Und damit auch eine ganze Volkswirtschaft.

Die Vogel-Strauß-Taktik hat nie funktioniert und sie wird es auch künftig nicht tun. Die Augen vor der Realität zu verschließen und zu hoffen, dass es besser wird, zeugt von großer Naivität. Damit will ich Ihnen sagen, dass Sie die Feste feiern müssen, wie sie fallen. Sie können sich nicht aussuchen, ob die Welt einem Trend folgt oder eine Entwicklung ihren Lauf nimmt. Es wird auch ohne Sie passieren. Besser ist es, das zu akzeptieren und, wie schon angedeutet, lieber Ihren Nutzen aus der Entwicklung zu ziehen, statt sich von ihr unterkriegen zu lassen. Gewinnen Sie die Oberhand und verlassen Sie die Komfortzone des Altbekannten. Auch der Politik gefällt Neues nicht. Es scheint nicht kontrollierbar, es werden Fehler passieren, Menschen oder Gruppen werden ihren Job verlieren. Wir müssen uns nichts vormachen, epochale Veränderungen haben einen hohen Preis. Dennoch dürfen wir keine Angst haben, diese Fehler zuzulassen. Der österreichische Schriftsteller Ernst Ferstl hat einen bedenklichen Aphorismus geprägt, der fleißig im Netz verbreitet wird: »Angesichts der Tatsache, dass die Menschheit nicht fähig ist, aus den Fehlern der Vergangenheit zu lernen, dürfen wir uns in Zukunft keine Fehler mehr leisten.« Ohne einen Kontext führen solche Zitate zu der Überzeugung, dass Fehler zu vermeiden sind. Und einen Fehler wiederholt zu begehen, grenze an eine Todsünde. Das Gegenteil ist natürlich der Fall, auch wenn es wehtut. Niemand begeht gerne einen Fehler. Und wenn wir ihn zweimal machen, möchten wir am liebsten im Boden versinken. Aber ohne tolerierte Fehler würden bis heute keine Flugzeuge fliegen und Computer gäbe es auch keine. Nicht mal elektrisches Licht hätten wir, denn Thomas Edison musste nach eigener Aussage 10.000 Fehlschläge hinnehmen, bis die Birne endlich dauerhaft brannte.

Mit der KI in Verbindung mit Robotik stehen wir vor einer neuen Epoche. Bisher waren Innovationen vom Menschen abhängig. Das wird sich im Laufe der nächsten Jahre ändern. Die Welt wird sich unabhängig vom Einfallsreichtum des Menschen weiterentwickeln. Nicht mehr Menschen werden Flugzeuge planen und bauen, sondern Maschinen. Nicht mehr Menschen werden neue Software programmieren, sondern die Software programmiert sich selbst. Nicht mehr Menschen werden Häuser und Wolkenkratzer errichten, sondern Maschinen. Viele Zeitgenossen gehen davon aus, dass dies noch Jahrzehnte dauern wird. Das ist ein Trugschluss. Die Geschwindigkeit von Veränderungen hat in den letzten Jahrzehnten exponentiell zugenommen. Und dieser Trend wird sich erst recht durch die KI so massiv beschleunigen, dass die Vorstellungskraft der Menschen überfordert sein wird. Die Rechenleistung durch Quantencomputing wird die Grenzen überwinden. Zumindest in der Wirtschaft wird es künftig eine Aufteilung in Human Economy und Artificial Economy geben. Sie können einen menschlichen Handwerker beauftragen, weil Sie sich wohler damit fühlen, oder Sie beauftragen einen künstlichen. Beim Einkaufen haben Sie an vielen Stellen diese Wahl bereits heute. Geschäfte ohne Personal sind keine Seltenheit mehr. Beim Personentransport schreitet diese Entwicklung bereits schnell voran, fahrerlose Autos, Busse und Bahnen bringen Menschen von A nach B. Dies stellt auch Sozialsysteme und Arbeitsmärkte vor eine neue Herausforderung. Wenn Menschen keine Wertschöpfung mehr als Arbeiter erbringen können, wie sollen sie dann Geld verdienen – und Sozialsysteme und Renten finanzieren? Ich habe die starke Befürchtung, dass die Unternehmen zur Lösung dieses Problems berufen werden. Wichtig ist, dass wir diese Diskussion nicht erst führen, wenn es zu spät ist. Merken Sie sich: Die Entwicklung werden Sie nicht aufhalten. Sie können aber zu den Profiteuren gehören, statt zu den Verlierern.

Eins können Sie sich merken: Unternehmer werden die Welt *immer* verändern. Aufhalten lässt sich das *nie*. Warum das etwas Gutes ist, weiß Oliver Pott.

*

Professor Dr. Oliver Pott ist ein deutscher Unternehmer und lehrt zudem an der Fachhochschule der Wirtschaft in Paderborn. Er gilt als Internetpionier und Experte für digitale Geschäftsmodelle. Eines seiner Online-Unternehmen verkaufte er damals an einen französischen Konzern. Der heutige Investor ist außerdem mehrfacher *SPIEGEL*-Bestsellerautor.

Unternehmer verändern die Welt

Von Oliver Pott

Unternehmer verändern die Welt – durch Zerstörung alter, verkrusteter Strukturen

Unternehmer haben eine bemerkenswerte Fähigkeit: die Kraft zur Veränderung. Diese Fähigkeit, die weit über bloße Gewinnorientierung hinausgeht, hat die Chance, die Welt zu retten – durch das Prinzip der *kreativen Zerstörung*. Der österreichische Ökonom Joseph Schumpeter prägte diesen Begriff, um den Prozess zu beschreiben, in dem veraltete Strukturen und überholte Technologien durch neue, innovative Ansätze ersetzt werden. Diese Disruption ist nicht nur eine Stärke von Unternehmen, sondern die eigentliche Leistung, durch die sie sich für eine nachhaltigere und effizientere Welt einsetzen können.

Die Essenz der kreativen Zerstörung

Schumpeter erkannte, dass die Wirtschaft kein statisches System ist, sondern ständigem Wandel unterliegt. Dieser Wandel erfolgt durch Innovation, die alte Strukturen zum Einsturz bringt und

Platz für Neues schafft. Für Unternehmer ist das Streben nach Fortschritt und Verbesserung ein zentraler Antrieb. Durch Innovationen und die Schaffung neuer Technologien ersetzen sie alte Produktionsweisen, ineffiziente Prozesse und nicht mehr zeitgemäße Geschäftsmodelle. Diese Dynamik sorgt dafür, dass nicht nur Unternehmen, sondern ganze Industrien wachsen und sich an neue Gegebenheiten anpassen können. Die *Zerstörung* erfolgt hier nicht willkürlich, sondern aus der Notwendigkeit heraus, um effizientere, ressourcenschonendere und nachhaltigere Lösungen zu finden.

Disruption als Basis für Fortschritt und Wandel

Viele Unternehmer stellen sich bewusst gegen bestehende Normen und Strukturen. Sie erkennen Probleme, die traditionelle Ansätze nicht lösen können, und entwickeln alternative Lösungen. Diese Disruption ist der wahre Beitrag des Unternehmers: Sie ebnet den Weg für bahnbrechende Veränderungen und ermöglicht Innovationen, die den Status quo infrage stellen. Es geht nicht um bloße Produktvielfalt oder um dekorative Werbung; die Kreativität der Unternehmer zeigt sich in ihrer schöpferischen Leistung, die grundlegend neue Möglichkeiten schafft.

Ein anschauliches Beispiel hierfür ist das Unternehmen Airbnb. Was als einfache Plattform für die Vermietung von Privatwohnungen begann, entwickelte sich rasch zu einer disruptiven Kraft im Tourismus- und Gastgewerbesektor. Airbnb bietet eine flexible Alternative zu traditionellen Hotels, indem es Privatpersonen erlaubt, ihre Wohnungen an Touristen zu vermieten. So wurde nicht nur ein neuer Markt erschlossen, sondern die herkömmliche Hotelbranche auf den Kopf gestellt. Durch Airbnb wurde die Vorstellung, wie wir reisen und wohnen, neu definiert. Die Verbraucher erwarten nun authentische, persönliche Erlebnisse und eine Vielfalt an Möglichkeiten, die traditionelle Hotels nicht bieten können.

Warum die Welt von disruptiven Unternehmern profitiert

Die Welt steht heute vor komplexen Herausforderungen: Klimawandel, Ressourcenknappheit, soziale Ungleichheit und eine wachsende Weltbevölkerung verlangen nach Lösungen, die über die bloße Optimierung bestehender Prozesse hinausgehen. Unternehmer, die kreative Zerstörung betreiben, sind die treibende Kraft für den strukturellen Wandel, der erforderlich ist, um diese Herausforderungen zu bewältigen.

Airbnb ermöglicht es, vorhandenen Wohnraum effizienter zu nutzen, anstatt neue Bauten für temporäre Aufenthalte zu errichten. Durch die Nutzung bereits bestehender Flächen kann der Ressourcenverbrauch im Bauwesen reduziert werden. Dies kommt der Umwelt zugute und trägt dazu bei, dass Reisende nachhaltigere Optionen wählen können, ohne auf Komfort verzichten zu müssen. Darüber hinaus hat das Geschäftsmodell von Airbnb Regierungen und Stadtverwaltungen dazu angeregt, neue Wohn- und Tourismuskonzepte zu entwickeln, die eine nachhaltige Stadtentwicklung unterstützen und den knappen Wohnraum optimal verteilen.

Kreative Zerstörung als gesellschaftliche Verantwortung

Viele Menschen betrachten Unternehmer skeptisch und sehen in ihnen oft lediglich Profiteure. Aber das stimmt nicht: Schumpeter zeigt uns, dass die eigentliche Leistung des Unternehmers nicht im Gewinnstreben liegt, sondern in seiner Bereitschaft, bestehende Strukturen infrage zu stellen und neue zu schaffen. In Zeiten großer globaler Herausforderungen wird die kreative Zerstörung nicht nur zu einem Wirtschaftsfaktor, sondern zur gesellschaftlichen Verantwortung.

Die Kraft der kreativen Zerstörung zeigt, dass echter Fortschritt oft schmerzhaft und radikal sein muss. Unternehmer, die diese kreative Zerstörung nutzen, sind keine bloßen Geschäftsleute, sondern Wegbereiter für eine neue, bessere Welt. Indem sie es wagen, alte Konzepte aufzugeben und an Lösungen für die Zukunft zu arbeiten, übernehmen sie eine zentrale Rolle in der gesellschaftlichen Transformation. Sie erweisen sich nicht nur als Träger wirtschaftlicher Entwicklung, sondern leisten einen unverzichtbaren Beitrag zur Rettung der Welt – ein Prozess, der Mut, Weitblick und vor allem eine starke Dosis schöpferischer Leistung verlangt.

8 Unternehmer retten den Staat

Nicht der Staat rettet Unternehmer. Sondern die Unternehmer retten den Staat. Wollen Politiker hingegen Unternehmen künstlich am Leben erhalten, geht dies auf Dauer in aller Regel schief. Und zwar auf Kosten der Steuerzahler. Professor Hermann Simon, der es durch seine Wortschöpfung der *Hidden Champions* zu weltweiter Bekanntheit brachte, hat dies über Jahrzehnte aus erster Reihe erlebt. Denn er gründete mit Simon Kucher eine der erfolgreichsten Unternehmensberatungen der Welt und hatte so Einblick hinter die Kulissen vieler Marktführer. In seinem Buch *Hidden Champions – Aufbruch nach Globalia* schreibt er: »Politiker sind ständig versucht, in die Wirtschaft einzugreifen. Besonders beliebt sind dabei Initiativen, die auf die Schaffung von neuen Industrien, Clustern oder sogenannten nationalen Champions abzielen. [...] Der Begriff nationale Champions wird gelegentlich mit dem Hidden-Champions-Konzept in einem Zuge genannt. Die beiden Konzepte haben jedoch nichts gemein. Sehr viel zu halten ist von Unternehmen, die sich wie Hidden Champions im freien Wettbewerb durchsetzen und die Marktführerschaft erringen.«[14] Die Chefs dieser Unternehmen hätten ihm immer wieder bestätigt, dass sie nicht durch staatliche Hilfen Marktführer wurden, sondern durch herausragende Leistung und Konkurrenzkampf. Nationale Champions hielten sich hingegen nur durch *Staates Gnaden*, weil der Staat in den Wettbewerb eingreife oder Subventionen billige. So wie beim Industriezweig Photovoltaik gehe so etwas nicht lange gut.

*

Was zeichnet einen funktionierenden Staat aus? Wir haben bereits gelernt, dass Sicherheit und ein Rechtswesen Bestandteile sind. Aber nicht alles, was Recht ist, ist auch gerecht. Welchen Einfluss haben Unternehmer darauf?

*

Markus Mingers ist einer der bekanntesten Anwälte Deutschlands. Insbesondere im Diesel-Abgasskandal hat er sich landesweit einen Namen gemacht. Sein Unternehmen gehört zu den führenden Verbraucherschutzkanzleien.

Retten Unternehmer die Gerechtigkeit?

Von Markus Mingers

Die Frage, ob Unternehmer die Gerechtigkeit retten, berührt zentrale Themen der Verantwortung und des Einflusses, den wirtschaftlich Handelnde in unserer Gesellschaft ausüben. Als Unternehmer und Anwalt sehe ich es als meine Aufgabe, die Verbindung zwischen wirtschaftlichem Erfolg und dem Streben nach Gerechtigkeit aktiv zu gestalten.

Unternehmen agieren nicht in einem luftleeren Raum – sie sind Teil eines gesellschaftlichen Gefüges. Entscheidungen, die in den Vorstandsetagen oder an der Spitze eines Unternehmens getroffen werden, haben oft weitreichende Folgen: für Mitarbeitende, Kunden und die Gemeinschaft als Ganzes. Unternehmer haben daher eine besondere Verantwortung, nicht nur auf den Profit zu schauen, sondern auch auf die gesellschaftlichen Auswirkungen ihres Handelns.

Gerade wir als Legal-Tech-Unternehmen, welches sich auf den Verbraucherschutz spezialisiert hat, verstehen uns oft als David im Kampf gegen Goliath. Große Konzerne mit enormen finanziellen und rechtlichen Ressourcen schaffen oft ungleiche Machtverhältnisse, die den Zugang zur Gerechtigkeit für Einzelpersonen erschweren. Hier setzen wir an: Mit digitalen Lösungen und innovativen Rechtsansätzen geben wir Verbrauchern die Möglichkeit, ihre Rechte durchzusetzen – sei es gegen globale Automobilkonzerne, die ihre Marktmacht ausspielen, Großbanken oder Versicherungsgesellschaften. Unsere Plattformen senken die Hürden, indem sie rechtliche Prozesse transparent und zugänglich machen. So können auch die vermeintlich Schwächeren auf Augenhöhe mit den Großen agieren.

Ein Unternehmer, der die Gerechtigkeit retten will, muss mehr sein als ein erfolgreicher Geschäftsmann. Er muss ein Visionär sein, der erkennt, dass wahre Stärke und langfristiger Erfolg aus einem tiefen Verantwortungsbewusstsein resultieren – für die Gesellschaft, für die Menschen und für die Prinzipien der Fairness.

Gerechtigkeit retten? Vielleicht nicht allein. Aber Unternehmer haben die Mittel, den Wandel voranzutreiben – und das ist ein essenzieller Beitrag auf diesem Weg.

*

Eines der Versprechen des Sozialstaates ist die Auszahlung einer Rente. Ich sage bewusst Auszahlung, denn es handelt sich nicht um ein Sparsystem. Weil die Beitragszahler gerne davon sprechen, »in die Rente einzuzahlen«, klingt es nach einem Anlagekonzept. Das Gegenteil ist aber wahr. Die heutigen Arbeitnehmer zahlen aus, nämlich an die heutigen Rentner. Dabei handelt es sich um ein legales Pyramidensystem. Solange genügend *einzahlen*, kann auch genügend ausgezahlt werden. Das Rentensystem steht jedoch vor dem Zusammenbruch. Schon heute kann es nur noch aufrechterhalten werden, indem Geld zugeschossen wird vom Staat, das eigentlich für andere Zwecke gedacht war. Ob Unternehmer die Altersvorsorge retten können, verrät einer der bekanntesten Versicherungsexperten Deutschlands.

*

Bastian Kunkel betreibt unter der Marke *Versicherungen mit Kopf* deutschlandweit die größten unabhängigen Versicherungskanäle auf YouTube, Instagram und TikTok. Auf diesen Kanälen, die inzwischen plattformübergreifend rund 900.000 Follower verzeichnen, erklärt er die komplexe Form der Versicherungen. Zudem ist Kunkel *SPIEGEL*-Bestsellerautor und Bildungspreisträger der deutschen Versicherungswirtschaft.

Retten Unternehmer die Altersvorsorge?

Von Bastian Kunkel

Deutschland, das Land des sicheren Sozialsystems, gerät in eine Schieflage, wenn es um das Thema Altersvorsorge geht. Die Bevölkerung altert, die Geburtenrate sinkt, und die gesetzliche Rentenkasse ächzt. Die Frage ist also: Wer kann das Ruder herumreißen? Der Staat – in seiner Rolle als Umschlagplatz des Umlageverfahrens – kommt längst an seine Grenzen. Damit rücken Unternehmer und private Akteure in den Fokus, die Altersvorsorge zu retten. Doch ist das ein realistisches Szenario? Oder stehen wir hier vor einem Wunschdenken?

Der Staat zieht sich zurück

Die staatliche Rente als alleinige Absicherung im Alter ist ein Relikt der Vergangenheit. Einst von Generation zu Generation verlässlich getragen, wird das Umlageverfahren zur Last. Vor allem junge Menschen sind immer weniger bereit, Beiträge zu leisten, deren Nutzen sie für sich selbst nicht mehr sehen. Eine Entwicklung, die uns mit einem ernüchternden Fazit zurücklässt: Die gesetzliche Rente reicht nicht. Stattdessen dominieren private und betriebliche Altersvorsorgen das Gespräch, doch nicht jeder kann oder will diese Hürde meistern. Gerade in Niedriglohnsektoren bleibt die private Altersvorsorge oft ein Luxus. Hier kommen Unternehmer, Versicherer und Berater ins Spiel, die eine gewisse Verantwortung übernehmen können – und es auch müssen.

Unternehmer und Versicherungsmakler: Lückenfüller oder echte Retter?

Eine Möglichkeit für Unternehmer, die Altersvorsorge zu stärken, ist die betriebliche Altersvorsorge (bAV). Was früher ein Zusatzangebot war, ist heute oft das Zünglein an der Waage, wenn es um die Entscheidung für einen Arbeitgeber geht. Doch nicht alle Unternehmer nehmen ihre Rolle in der Vorsorge gleichermaßen ernst. Für kleine und mittlere Unternehmen ist die Finanzierung einer betrieblichen Altersvorsorge (bAV) oft eine Herausforderung, obwohl sie in Zeiten des Fachkräftemangels immer wichtiger wird.

Versicherungsunternehmen und unabhängige Makler stehen daneben und versuchen, Aufklärung zu leisten. Sie wissen: Wer die Menschen früh genug über die Bedeutung der Altersvorsorge informiert, kann sie vielleicht noch davon überzeugen, privat vorzusorgen. Aber auch hier bleibt es eine Herausforderung: Altersvorsorgeprodukte sind oft komplex, und die Unsicherheit darüber, ob sich Investitionen in Rentenversicherungen, Fonds oder konservative Anlagen langfristig auszahlen, hält viele zurück. Zudem sehen sich Versicherer und Berater häufig mit Misstrauen konfrontiert – der Vorwurf, auf Profit, statt auf die Interessen der Kunden zu schauen, bleibt hartnäckig.

Der Kunde als König, der den Preis zahlt

Letztlich trägt der Einzelne die Verantwortung für seine Altersvorsorge. Für die meisten Arbeitnehmer führt kein Weg daran vorbei, zusätzlich zur gesetzlichen Rente zu sparen – ob über beispielsweise clevere private ETF-Rentenversicherungen, Fondssparpläne oder Immobilien. Doch dafür brauchen sie das richtige Wissen und die passenden Produkte, und genau hier könnten Versicherungsunternehmen und Makler eine entscheidende Rolle spielen. Wenn sie nicht nur als Verkäufer, sondern auch als Berater auftreten und ihren Kunden nachhaltige, flexible Modelle bieten, können sie tatsächlich zur Rettung der Altersvorsorge beitragen.

Ob Unternehmer und Versicherungen allein die Rettung bringen, ist jedoch fraglich. Der Staat darf sich nicht gänzlich aus der Verantwortung ziehen, denn der Druck auf den Einzelnen wächst bereits enorm. Hier ist vielmehr eine Zusammenarbeit nötig: Der Staat muss Rahmenbedingungen schaffen, in denen private Vorsorge attraktiv und zugänglich ist, und Unternehmer müssen ihre Rolle als echter Partner im Bereich der Altersvorsorge für ihre Arbeitnehmer wahrnehmen – als echten Benefit.

Fazit: Kooperation statt Einbahnstraße

So gut wie jeder wird zustimmen, dass es an der Zeit ist, die Altersvorsorge in neue Bahnen zu lenken. Unternehmer und Versicherungsanbieter haben hier eine klare Chance, die Zukunft vieler Menschen zu sichern – doch sie sind keine Allheilmittel. Letztlich braucht es ein Zusammenspiel aus privater, betrieblicher und staatlicher Vorsorge, um die Rente für alle zu retten. Unternehmer und Versicherungen können dabei eine tragende Rolle spielen, aber der Staat ist ebenso gefragt, die Weichen richtigzustellen.

Die *Rettung* der Altersvorsorge ist also eine gemeinschaftliche Aufgabe. Unternehmer und Versicherer leisten ihren Beitrag, und auch der Staat kann sich nicht aus der Verantwortung stehlen. Klar ist: Wer auf private Vorsorge setzt, ist aktuell besser beraten, als auf den Staat zu vertrauen – und das bleibt wohl auch (erstmal) so.

9
Unternehmer retten die Bildung

In einer Studie des Zentrums für ökonomische Bildung in Siegen, in Auftrag gegeben vom Verband der Familienunternehmer und der Friedrich-Naumann-Stiftung, kam 2024 heraus: Deutsche Schulbücher vermitteln kein positives Bild der Wirtschaft. Im Gegenteil. Die Bücher vermitteln das Bild, dass der technische Fortschritt eher ein Zufall sei, dafür erzeugten die Unternehmen dadurch aber neue Probleme, die die Politik dann lösen müsse. Womit indirekt die Rolle des Staates überhöht wird. Auch bei der Globalisierung tendieren die Schulbücher ins Negative. So könne die heimische Textilindustrie günstig in Entwicklungsländern wie Bangladesch fertigen, weil die Arbeiter dort viel weniger Lohn erhielten. Das trifft natürlich zu. Vergessen wird jedoch, dass dieses Verfahren neuen Wohlstand in diese Länder bringt. Die wachsenden Gehälter und die sinkende Armut lassen sich nicht negieren – außer anscheinend in Schulbüchern. Das führt nicht nur zu einer generellen Skepsis der Wirtschaft gegenüber, sondern wirkt sich auch katastrophal auf die Gründungsbereitschaft der Deutschen aus. In den letzten 20 Jahren hat sich die Gründungsquote mehr als halbiert.

Richtig ist, dass man in der Schule kaum Praxiswissen erwirbt, dafür aber viel Theorie über Nebensächlichkeiten. Fachwissen über Wirtschaft, Finanzen, Steuern, Unternehmen und Kommunikation fehlt nahezu komplett. Obwohl genau dies die Themen sind, die die Menschen maßgeblich im Leben beeinflussen. Wenn junge Menschen ins Berufsleben eintreten, hören sie von vielen Dingen zum ersten Mal. Auch die Verständigung mit der *realen* Welt fällt ihnen schwer. Selbst ein Universitätsabsolvent mit drei verschiedenen Abschlüssen kommt in die Arbeitswelt und unterscheidet sich kaum von einem Zehntklässler. Den Unternehmen bleibt nichts anderes übrig, als einen Teil der notwendigen Erwachsenenbildung zu übernehmen. Unternehmer erklären ihnen die Welt.

Neue Bildungschancen dank Unternehmen

Wer mehr erreichen will als der Durchschnitt, muss mehr wissen als der Durchschnitt. Darum wollen sich viele Erwachsene weiterbilden. Entweder, um neues Wissen anzuhäufen oder um eine neue Qualifikation zu erreichen. In beiden Fällen werden Sie sich überwiegend eines Unternehmensangebots bedienen. Dass Sie in Ihrer Stadtbibliothek oder der Volkshochschule genau die Informationen finden, die Sie suchen, ist eher unwahrscheinlich.

Social Media

Auf YouTube, Instagram und TikTok bieten viele selbstständige Experten, Berater und sogar Unternehmer ihr Wissen an. Natürlich sehen diese Personen das auch als Werbeplattform. Das ist eine legitime Idee: kostenloses Wissen gegen Reichweite. Und tatsächlich werden viele der Zuschauer auch Kunde, besuchen ein Seminar des Experten oder kaufen sein Buch. Nehmen Sie den Maklerunternehmer Bastian Kunkel. Seinem Profil *Versicherungen mit Kopf* folgen in den sozialen Medien rund 900.000 Menschen und Abermillionen haben seine Videos gesehen. Darin erklärt er, wie bestimmte Versicherungen und Anlageprodukte funktionieren und worauf zu achten ist. Viele junge Leute hören von ihm zum ersten Mal, was eine Berufsunfähigkeitsversicherung oder eine betriebliche Altersvorsorge ist. Für ihn ist das eine gute Form der Werbung. Sein Unternehmen in München berät dadurch Tausende Interessenten, die durch seinen Content auf ihn aufmerksam werden. Außerdem wollte ein berühmter Verlag unbedingt ein Buch mit ihm machen. Es wurde zu einem *SPIEGEL*-Bestseller und Kunkel konnte sich vor Medienanfragen kaum retten. Das Konzept, Wissen gegen Reichweite, ist aufgegangen und alle profitieren. Denn schließlich muss kein Zuschauer Kunde bei ihm werden. Sie können das Wissen auch einfach kostenlos aufnehmen und damit anstellen, was sie möchten.

Kursanbieter im Internet

Es gibt immer mehr Experten, die ihr Wissen im Netz verkaufen. In Form von Kursen können Sie sich ganze Themengebiete durch umfangreiche Lektionen aneignen. Diese werden auf Plattformen privater Unternehmen verkauft. Oft sind auch die Experten selbst Unternehmer, die die Kurse halten, je nach Themengebiet. 2022 habe ich mich in München mit Schauspieler Heiner Lauterbach getroffen. Mit seiner Frau Viktoria gründete er wenige Jahre zuvor die Lernplattform *Meet your Master*. Hier geben prominente Experten wie Sebastian Fitzek oder Til Schweiger in aufwändig produzierter Kinoqualität ihr Wissen in stundenlangen Kursen weiter. Er sagte mir: »Wir müssen so viel verkaufen, damit wir auf einen grünen Zweig kommen. Das Angebot auf YouTube ist zu groß und wir müssen uns deutlich davon absetzen [...].«[15]

Seminare

Ob Sie einen Dale-Carnegie-Kurs besuchen, um einen besseren Umgang mit Menschen zu erlernen, oder ein Seminar von Dirk Kreuter, um Verkaufen zu lernen – hinter diesen Angeboten stecken große Unternehmen mit Kunden auf der ganzen Welt. In keiner Schule werden Sie lernen, wie Verhandlungsführung oder Verkauf funktioniert. Obwohl es, insbesondere im Berufsleben, eine elementare Rolle spielt. Unternehmer sind auch hier gefragt, das Bildungsangebot zu gewährleisten.

Fernhochschulen und -universitäten

Wer berufsbegleitend einen weiteren Abschluss erwerben will, ist auf Fernhochschulen angewiesen. Diese privaten Unternehmen sind staatlich anerkannt und verhelfen Ihnen zu Ihrem neuen Titel. Dafür zahlen Sie Gebühren. Viele berühmte Persönlichkeiten haben ihr Studium so auf dem zweiten Bildungsweg nachgeholt, darunter Oliver Kahn.

Verlage

Fach- und Buchverlage sind die älteste Unternehmergarde in der Weiterbildung. Auf sie sind sowohl die Schulen angewiesen, die Schulbücher brauchen, als auch die Menschen, die nebenher neues Wissen aufbauen wollen. Verleger gehen ein immenses wirtschaftliches Risiko ein, ein Buch oder eine Fachpublikation zu veröffentlichen. Die Kosten für Erstellung, Honorare, Druck, Logistik und Vertrieb sind sofort fällig. Die Refinanzierung gelingt nur, wenn sich für den Titel genügend Käufer finden. Es grenzt an ein Wunder, dass noch immer so viele Verleger bereit sind, dieses Risiko zu tragen, um Wissen zu vermitteln.

*

Eine interessante Antwort auf die Frage, ob Unternehmer die Bildung retten, lieferte mir übrigens Maurice Bork. Sein Wissen über den Weiterbildungssektor eröffnet eine neue Perspektive auf unser marodes Schulsystem.

*

Maurice Bork betreibt eine der größten Buch-Communities in Europa und hat sich mit seinem Bildungsunternehmen auf Erwachsene fokussiert. Zudem ist er *SPIEGEL*-Bestsellerautor.

Retten Unternehmer die Bildung?

Von Maurice Bork

Wir haben in Deutschland ein Schulsystem, das aus meiner Sicht einer Grundsanierung bedarf. Im Chemieunterricht lernen Kinder zwar das Periodensystem auswendig, aber nicht, wie sie langfristig ihren Körper gesund halten. Im Mathematikunterricht lehrt man sie die wildesten Kurvendiskussionen, aber nicht, wie sie vernünftig mit Geld umgehen, geschweige denn es clever einsetzen oder anlegen. Und im Deutschunterricht lernen sie, Gedichte zu analysieren – was ihnen, nebenbei bemerkt, jegliche Freude am Lesen nimmt –, aber nicht, wie sie vernünftig kommunizieren.

Meine Schulzeit war nicht anders. Weder die Schule noch die Universität konnten mich für das Lesen begeistern. Das ist schade, da es enorm wichtig ist, regelmäßig zu lesen. Erst die Erfahrung in meinem ersten Vertriebsjob, wo ich gerade zu Anfang täglich Absagen kassierte, brachte mich dazu, freiwillig ein Buch in die Hand zu nehmen. Das sollte mein Leben maßgeblich in eine positive Richtung verändern.

Nämlich, weil ich den praktischen Nutzen von Büchern verstand. Ich bemerkte, dass mich die ›richtigen‹ Bücher deutlich weiterbringen in meinem Leben. Im realen Leben! Eines meiner ersten Bücher war das eines Top-Verkäufers; schon am nächsten Tag konnte ich seine Tipps in die Praxis umsetzen. Lerne, mit einem Nein umzugehen. Nimm die Position deines Gegenübers ein. Sprich nicht im Konjunktiv! Diese Gedanken halfen mir dabei, besser in meinem Job zu werden.

Während der letzten zehn Jahre habe ich mehr als 750 Bücher gelesen und mir etliche Kompetenzen angeeignet. Kompetenzen, die fundamental für ein erfolgreiches Leben sind, die aber trotzdem vom Schulsystem außer Acht gelassen werden. Wir Deutsche verfügen über eine bemerkenswerte schlechte finanzielle Bildung. Viele Menschen kennen nicht einmal den Unterschied zwischen ›guten‹ und ›schlechten‹ Schulden. Und trotz eines Rentensystems, das noch maroder ist als unsere Brücken, sorgen nur wenige Menschen privat vor. Warum auch? Unser Bildungssystem hat nie seinen Teil dazu beigetragen, indem es uns zum Beispiel die Anlageklassen Immobilien und Aktien näherbringt. Na ja, wenigstens wird der Zinseszinseffekt in Mathe gelehrt. Nur warum berücksichtigt ihn kaum einer?

Im europäischen Vergleich rangiert Deutschlands Wohneigentumsquote auf dem vorletzten Platz (2023), und unsere Aktionärsquote ist weit von jener der USA entfernt. In dieser Sekunde, da mich die Frage von Julien Backhaus erreicht, bin ich bei einer Veranstaltung in München, bei der Immobilieninvestoren aus ganz

Deutschland zusammenkommen, wertvolles Wissen erhalten und miteinander teilen. Diese ›Bildungsveranstaltung‹ hat ein Privatunternehmen ins Leben gerufen. Ihrem Engagement ist es zu verdanken, dass ein Raum geschaffen wurde, in dem Menschen an ihrer finanziellen Bildung arbeiten können. Das wiederum führt zu einer nebenberuflichen Vorsorge, dem ersten Schritt in Richtung finanzieller Freiheit.

Auch ich gründete vor einigen Jahren aus einem Schmerz heraus mein Unternehmen ›Die wichtigste Stunde‹. Es bringt Menschen zusammen, die gemeinsam ihre Persönlichkeit entwickeln wollen. Das Wort WOLLEN ist hier das entscheidende, denn es ist der starke Wille, sich weiterzuentwickeln, der diese Menschen eint. In meinem ehemaligen Umfeld kannte ich kaum einen Menschen, der nach mehr im Leben strebte, der hungrig auf lebenslanges Lernen war. Viele der Menschen in meinem Umfeld hatten ihre persönliche Weiterentwicklung gefühlt mit Beendigung ihres Studiums oder der Ausbildung eingestellt, und sie waren jetzt an einem Punkt angelangt, an dem sich alles nur noch wiederholt. Ein Denken von Wochenende zu Wochenende, von Urlaub zu Urlaub, inklusive der Hoffnung auf das große Glück im Ruhestand. Dahin hatten sie ihre Träume verschoben, und jetzt wünschten sie sich ihre Lebenszeit gewissermaßen weg, so traurig das auch klingen mag.

Für mich war diese Vorstellung der blanke Horror. Alles, was nicht mehr wächst, stirbt; dieser Satz beschreibt meine Sehnsucht am besten. Lebenslanges Lernen ist ein Grundwert für mich, und die inzwischen 1500 Mitglieder von ›Die wichtigste Stunde‹ teilen ihn mit mir. Seitdem weiß ich, da ist viel dran an Jim Rohns Zitat: »Du bist der Durchschnitt der fünf Menschen, mit denen du dich am meisten umgibst.« Dein Umfeld macht einen riesigen Unterschied. Sich jeden Tag mit Gleichgesinnten zu umgeben, mit Menschen, die deine Werte und Träume teilen.

Am Markt fand ich nichts Adäquates, deshalb gründete ich das Unternehmen. Als privater Unternehmer löse ich somit ein Kernproblem unserer Gesellschaft, weil ich Menschen die Möglichkeit biete, sich Fähigkeiten anzueignen, die ihnen unser Bildungssystem nicht beibringt (z. B. die Fähigkeit zu verkaufen).

Basierend auf meiner Erfahrung als Unternehmer, als eingefleischter Leser von Erfolgsliteratur und als Autor kann ich die eingangs gestellte Frage somit nur mit einem klaren Ja beantworten. Ja, es sind die Unternehmer, die aktuell für die wichtigste Bildung in diesem Land sorgen. Ja, sie gleichen aus, was der Staat nicht hinbekommt. Und ja, das wird sich in naher Zukunft auch nicht ändern.

Teil 3:
So werden SIE zum Unternehmer!

Welche Mythen Sie kennen und welche Tipps Sie beherzigen sollten!

10
Wir brauchen Macher!

Nicht nur die Wirtschaft ist auf Unternehmer angewiesen. Der ganze Staat funktioniert nicht ohne sie. Das Beste, was ihm passieren kann, ist also, wenn sich mehr Menschen entscheiden, eine Firma aufzubauen. Das sagt auch einer der profiliertesten Finanzpolitiker Deutschlands, Frank Schäffler.

*

Frank Schäffler sitzt mit Unterbrechung seit vielen Jahren als Abgeordneter im deutschen Bundestag, ist Mitglied im Finanzausschuss und Finanzexperte seiner Partei FDP. Er gründete außerdem das Prometheus-Institut.

Unternehmer sind Macher!

Von Frank Schäffler

Unternehmer sind Macher. Sie sind die entscheidenden Akteure im Kapitalismus. Denn der Kapitalismus ist die auf privatem Eigentum basierende marktwirtschaftliche Ordnung. Im Kapitalismus sind die Unternehmer die Helden. Sie sind die Treiber des Wohlstandes. Ohne sie wird nicht investiert, ohne sie entstehen keine Produkte und Dienstleistungen, ohne sie werden keine Arbeitsplätze geschaffen, und ohne sie kann die Regierung keine Steuern einnehmen, um ihre Ausgaben für die Infrastruktur und den eigenen Konsum zu decken.

Wenn der Staat und die Regierung meinen, selbst in die Rolle des Unternehmers oder des Wirtschaftslenkers zu schlüpfen, dann endet das meist in einem Debakel. Es ist die Anmaßung von Wissen, die hier zum Scheitern verurteilt ist. Dafür muss man nicht in die DDR und die alte Sowjetunion zurückblicken, sondern es genügt schon, die Lenkungsversuche der Wirtschaft in Deutschland anzuschauen. Vor der Diskussion um das Heizungsgesetz ist der Hochlauf der Wärmepumpen in Deutschland exponentiell erfolgt. Danach ist er eingebrochen, weil alle potenziellen Käufer auf die neue Förderung gewartet haben. Seitdem berappelt sich der Wärmepumpenmarkt mühsam wieder. Genauso würde es passieren, wenn das Ziel von Robert Habeck Wirklichkeit geworden wäre, Investitionen von Unternehmen mit einer Prämie von 10 Prozent der Investitionssumme zu fördern. Alle Marktakteure würden ihre Investitionen zurückhalten, bis die Prämie beschlossen ist, danach würde ein Run stattfinden, der die genehmigenden Behörden überfordern würde. Mitnahmeeffekte wären an der Tagesordnung. Der Staat wäre maximal überfordert.

So ist es auch mit den Investitionsanreizen für einzelne Unternehmen. Irgendwie hatte der Wirtschaftsminister kein Glück mit seinen Investitionslenkungen nach Deutschland. Intel verzichtete erstmal auf 10 Mrd. Euro Subventionen für ein Halbleiterwerk in Magdeburg, Wolfspeed im Saarland stellte ebenfalls die Investitionen zurück und verzichtete auf Habecks Milliarden. Thyssenkrupp sollte 2 Mrd. Euro Subventionen für die Umstellung auf grünen Stahl erhalten. Auch das stand auf der Kippe. Dafür schien es keine ausreichende Nachfrage zu geben.

Immer dann, wenn Regierungen, Wirtschaftsminister oder Politiker glauben zu wissen, wo künftig Märkte entstehen oder Wachstum zu erwarten ist, muss Vorsicht das oberste Prinzip sein. Das Problem ist ein Wissensproblem. Denn keine Regierung, kein Wirtschaftsminister und auch kein Politiker weiß, welche Investitionen künftig rentierlich sein werden. Zu erkennen, wann welche Produkte, wo und zu welchem Preis bereitgestellt werden müssen, war und ist die entscheide Schwäche des Sozialismus, deren Wirtschaftsform die zentrale Planwirtschaft ist. Die Marktwirtschaft ist das Gegenteil. Sie beruht auf einer dezentralen Entscheidungsfindung der Kunden, auf deren Bedürfnisse sich die Unternehmer einstellen müssen. Sie produzieren das, was die Kunden wollen. Daher ist in der Marktwirtschaft der Kunde König. Fehlinvestitionen der Unternehmer werden sofort bestraft. Die Produkte werden nicht oder nicht in ausreichender Menge gekauft. Der Unternehmer muss sich deshalb anpassen. Erfolgt diese Anpassung nicht, verschwindet er vom Markt. Die Marktwirtschaft ist deshalb ein Entdeckungsverfahren, das durch Versuch und Irrtum zu den gewünschten Ergebnissen führt.

Deshalb braucht es eine Renaissance des Unternehmertums in Deutschland. In Deutschland setzen viel zu viele auf den Staat. Der Staat ist die nicht der Problemlöser, sondern vielfach das Problem.

*

Definitiv! Ja, wir haben in Deutschland die Renaissance des Unternehmertums, von der Frank Schäffler spricht, bitter nötig. Nur so kann Wertschöpfung entstehen, nur so werden neue Arbeitsplätze geschaffen und so wird letztlich die Finanzierung des Staates gesichert. Aber die Vorteile für Sie selbst sind umso größer. Sie verwirklichen sich selbst, gelangen also auf die höchste Stufe der Maslowschen Bedürfnispyramide. Und trotzdem zögern viele Menschen noch. Das mag auch an den vielen Mythen rund um das Unternehmertum liegen, die da draußen kursieren.

Man braucht Kapital, um eine Firma zu gründen

Ich war als Podiumsgast eingeladen worden, um beim *Future Talk* in der Heinz-von-Heiden-Arena mit Schülern eines

Gymnasiums über Karriere und Erfolg zu diskutieren. Zusammen mit Aktivist Carsten Stahl und Unternehmer Martin Kind (dem auch das Stadion gehört) saß ich auf der Bühne, Veranstalter Lukas Schönke moderierte. In der Fragerunde meldete sich auch ein Lehrer, der wissen wollte, woher wir das Geld hatten, um unsere Unternehmen zu gründen. Ich antwortete, dass man für eine Firmengründung nicht unbedingt Kapital brauche. Solange man als Selbstständiger beginnt, verkauft man vor allem seine Zeit beziehungsweise seine Dienstleistung. So habe auch ich begonnen. So baut man Schritt für Schritt ein wenig eigenes Kapital auf, das man in weitere Anschaffungen oder Mitarbeiter investieren kann. So wächst man gesund und ohne Schulden. Neben mir meldete sich dann Carsten zu Wort. Er meinte, für Hersteller würde das nicht gelten, da diese ja Maschinen benötigen. Der Moderator bat einen Jungunternehmer aus der Möbelbranche namens Clemens um Stellungnahme, der ebenfalls anwesend war. Ich fiel den beiden ins Wort. Noch bevor der junge Möbelbauer antworten konnte, sagte ich zu ihm: »Ich kenne dich und deine Geschichte nicht, aber ich wette, für deine ersten Möbel hast du dich einfach an eine fremde Maschine gestellt und dem Werkstattbesitzer ein paar Euro in die Hand gedrückt.« Der Jungunternehmer schaute mich einen Moment verdutzt an und sagte: »Genau so war es.«

Ich war und bin kein Hellseher. Ich kenne nur Hunderte solcher Geschichten, denn die meisten Unternehmen beginnen so. Nicht mal als Getränkehersteller brauchen Sie ein eigenes Werk. Ein glänzendes deutsches Beispiel ist das von fritz-kola aus Hamburg, das Sie bereits kennengelernt haben. Zwei Studenten setzten sich in den Kopf, eine eigene Kola auf den Markt zu bringen. Im Rahmen ihrer Möglichkeiten haben sie ein paar Euro zusammengekratzt und sind auf die Suche nach einer Brauerei gegangen, die bereit war, ein Rezept zu erstellen und ein paar Probekisten abzufüllen. Selbst die Flaschen kann man mieten. Zum Beispiel nutzen die meisten Mineralwasser- und Biermarken genormte Poolflaschen. Sie benutzen also alle dieselben Flaschen. Diese werden gemietet und einfach mit dem gewünschten Etikett beklebt. Klingt zu simpel? Sie wären überrascht, wie viele neue Produkte genau so ihren Lauf nehmen. Mit ihrer neuen Kola-Kreation haben die beiden Studenten Klubs und Kneipen in Hamburg begeistert und Bestellungen für weitere Lieferungen entgegengenommen – Klinkenputzen. Heute stehen die Flaschen in jedem Supermarkt, die Gründer sind reich geworden. Aber bedenken Sie stets, wie simpel ein solcher Erfolg beginnt.

In der Schule wird uns beigebracht, kompliziert zu denken. Als Unternehmer müssen wir wieder lernen, simpel zu denken. Sie müssen nicht alle Antworten wissen. Sie müssen den Mut aufbringen, Fragen zu stellen. Sie müssen die Personen finden, die Ihnen die richtigen Antworten geben können. Provokant könnte man sagen: Es ist gut, wenn Sie ein bisschen dumm sind, denn dann müssen Sie eh alles erfragen.

Gegen Monopole hat man keine Chance

Wenn Sie das Wort Monopol hören, sollten Sie sich dahinter immer das Symbol einer Stoppuhr vorstellen. Denn Monopole gibt es nur zeitlich begrenzt. Sie schaffen sich nämlich entweder selbst wieder ab oder ein anderes Unternehmen überholt es und nimmt seinen Platz ein – wieder für eine gewisse Zeit. Sehen Sie sich die größten Konzerne (laut Marktkapitalisierung) der letzten Jahrzehnte an und schauen Sie, wo sie heute stehen. Ende 1980 war IBM das größte Unternehmen der Welt. Das ist es schon lange nicht mehr, es ist nicht mal mehr ein Top-Unternehmen im Computersektor. Im selben Jahrzehnt war Eastman Kodak der größte Konsumgüterhersteller der Welt, heute kennt das Unternehmen kaum noch jemand. Nokia war 14 Jahre lang der größte Handyhersteller der Welt und das elftgrößte Unternehmen der Welt. Doch es hat den Smartphone-Trend verpasst. Ein anderes Unternehmen, das Jahrzehnte ums Überleben kämpfte, sicherte sich ein großes Stück vom Kuchen: Apple.

Wir könnten diese Liste von Unternehmen, die mal die größten waren, ewig weiterführen. Es soll lediglich verdeutlichen, dass die Marktwirtschaft stets die Chance bietet, mit einem besseren Produkt, mit einem besseren Service oder einem besseren Marketing die Nummer eins zu werden. Zumal es gar nicht jeder Unternehmer darauf anlegt, die Nummer eins zu werden.

In der Talkshow *Talk im Hangar-7* bei ServusTV ging es um den Siegeszug der Kommunistischen Partei in Teilen Österreichs. Ich war als als Talk-Gast aus Deutschland eingeflogen. Als es hieß, es würden nur noch die Menschen aufsteigen, die die richtigen Beziehungen hätten, erklärte ich, dass das nicht stimme. Aus eigener Erfahrung kann ich sagen, dass man sich Kontakte aufbauen kann. Die meisten erfolgreichen Menschen aus meinem Umfeld kommen aus einfachen Verhältnissen und haben sich ihre Unternehmen mit harter Arbeit und Ideenreichtum aufgebaut.

Der britische Unternehmer und Milliardär Richard Branson hat sich stets mit den Monopolisten angelegt und aus seinen Produkteinführungen wahre Spektakel gemacht. Seine Fluglinie Virgin entstand aus einem frustrierenden Flughafenerlebnis Anfang der 1980er-Jahre. British Airways hatte offenbar einen Flug auf die Virgin Islands überbucht und ließ 50 Passagiere am Flughafen stehen. Statt auf den nächsten Flug am kommenden Tag zu hoffen, malte Branson ein Pappschild mit der Aufschrift Virgin Islands und konnte durch die Ticketverkäufe einen eigenen Flieger für sich und seine Mitstreiter chartern. Die Idee seiner eigenen Fluglinie Virgin war geboren. Zwar wurde sie bis heute nie Marktführer, konnte sich aber in einigen Segmenten stark behaupten und den großen Airlines wertvolle Kunden abjagen. Mit besonderem Service und einem Entertainment-Fokus behauptet sie sich in diversen Kategorien. Die Kabinenbesatzung wurde mehrfach zur besten der Welt gekürt und erhielt mehrfach das 5-Star-Global-Airline-Rating.

Unternehmer sind nur auf Kosten anderer erfolgreich

Unternehmer werden oft als unsoziale Wesen dargestellt. Denn sie seien nur erfolgreich, wenn sie anderen etwas wegnehmen. Das ist totaler Blödsinn. Das Gegenteil ist der Fall. Der Markt besteht immer aus zwei Seiten. Ein Unternehmer kann nur erfolgreich sein, wenn er anderen etwas anbietet, das nachgefragt wird. Das kann ein Produkt, eine Dienstleistung, ebenso geistiges Eigentum oder Kapital sein. Aber würden Sie anderen nur etwas wegnehmen, ohne etwas zu geben, wären Sie ein Dieb. Ein Unternehmer hingegen kann nur durch Tauschhandel erfolgreich sein und schlussendlich Geld verdienen. Ist er oder sie auf Kosten anderer erfolgreich? Nein, aber mithilfe anderer. Geht ein Unternehmer zur Bank, um Geld zu leihen, muss er dafür eine Gegenleistung erbringen: Zinsen. Will ein Unternehmer einen Laden eröffnen, muss er Miete zahlen. Will ein Unternehmer Mitarbeiter einstellen, muss er ein Gehalt anbieten. Über allem steht übrigens noch *jemand* anderes: Wollen Sie überhaupt selbstständiger Unternehmer sein, müssen Sie dem Staat versprechen, einen Teil Ihrer Gewinne als Steuern abzuführen. Und nicht nur das, neben den Einkommens- beziehungsweise Gewerbesteuern gibt es noch Dutzende weitere Steuern, Gebühren und Abgaben, die Sie entrichten müssen.

Als Unternehmer müssen Sie also immer zuerst etwas geben, bevor Sie etwas bekommen. Sie gehen also zuerst ein Risiko ein, bevor Sie abschöpfen können.

Ein großes Argument in der Sozialdebatte ist, dass Arbeitnehmer im Vergleich zu Unternehmern zu wenig verdienen. In der ARD-Reportage-Sendung *engel fragt* wurde ich am Flughafen in Frankfurt empfangen. Als ich aus dem Privatjet ausstieg, empfing mich die Moderatorin vor laufender Kamera mit den Worten: »Ganz schön cheffig, wie Sie hier ankommen.« Auf so eine seltsame Begrüßung wusste ich auch nichts Besseres zu antworten als: »Aber pünktlich.« Die Sendung trug den Titel *Muss ich egoistischer werden?* Als es um Unternehmensführung ging, fragte die Moderatorin: »Wenn man es richtig brutal egoistisch macht, könnte man (die Arbeitnehmer) ja salopp gesagt alle zu Mindestlohn beschäftigen. Wie machen Sie es?« Ich habe geantwortet: »Fachkräfte lassen das nicht mit sich machen. Ich zwinge ja niemanden, für mich zu arbeiten. Wir sind in Deutschland in einer tollen Position. Arbeitnehmer können sich heute ihre Position aussuchen, selbst im unteren Sektor. Das ist eine meiner wichtigen Regeln. Alles ist Verhandlungssache.« Denn auch der Arbeitsmarkt ist ein Markt – wie der Name schon sagt. Es gibt Angebot und Nachfrage. Je mehr Arbeitnehmer und je weniger Arbeitgeber, desto niedriger die Löhne. Weil es ein Überangebot an Arbeitskraft gibt. Und die Marktregel besagt, dass Preise sinken, wenn viel vorhanden ist. Im Supermarkt hat das Vorteile für die Konsumenten. Auf dem Arbeitsmarkt nicht. Heute sind wir aber in einer gegenteiligen Situation auf dem Arbeitsmarkt. Viele Unternehmen suchen dringend Arbeitskräfte, es gibt aber kaum welche. Daher sind die Arbeitnehmer in einer ausgezeichneten Verhandlungsposition. Sie können sich aussuchen, wem sie den Zuschlag geben. Zu den besten Bedingungen und zum besten Gehalt. Der Markt regelt also – zum Vorteil der arbeitenden Bevölkerung. Echte Marktwirtschaft bedeutet Demokratie. Kommt der Staat hingegen mit Eingriffen wie Mindestlöhnen daher, wird dieser freie Wettbewerb gestört. So wie im Immobiliensektor mit den Mietendeckeln und Bauvorschriften, bewirken staatliche Eingriffe meist das Gegenteil von dem, was eigentlich beabsichtigt war. Wenn Staaten sich einmischen, ist es oft der Anfang vom Ende.

Tatsache ist, dass die Gruppe der Unternehmer der der Angestellten sehr ähnlich ist. Die meisten Angestellten verdienen wenig, einige verdienen besser und wenige verdienen enorm viel. Bei den Unternehmern ist es exakt genauso. Schlimmer noch: Schätzungen zufolge müssen 80 bis 90 Prozent ihr Gewerbe in den ersten drei Jahren wieder aufgeben, einige davon behalten einen Schuldenberg.

Dennoch bleibt das Argument, dass Arbeitnehmer weniger verdienen als der Unternehmer. Als pauschale Aussage ist sie falsch. Denn, wie wir gerade gelernt haben, gehen die meisten Unternehmen pleite. Von denen, die übrig bleiben, verdienen viele Unternehmer weniger als ihre Angestellten. Das erstaunt viele Arbeitnehmer, wenn sie dies zum ersten Mal hören. Denn sie unterschätzen die immensen Kosten und die Abgabenlast, die viele Betriebe monatlich tragen müssen. Insbesondere in den Gründungsjahren verdienen Unternehmer in der Regel kaum etwas. Wenn wir uns nun auf die wenigen Prozent der Unternehmen konzentrieren, die es schaffen, profitabel zu werden, verdienen die Unternehmer dann mehr als die Angestellten? Ja. Denn ein Unternehmer wird nicht mehr für seine persönlich eingesetzte Zeit bezahlt, sondern für die Ergebnisse, die er mit seinem Betrieb und den Mitarbeitern erzielt. Die Mitarbeiter sorgen für einen Skalierungseffekt. Sie können also plötzlich ein Vielfaches an Produkten herstellen oder Dienstleistungen erbringen. Wenn es Ihnen nun gelingt, diese am Markt zu einem Preis zu verkaufen, der über den Kosten liegt, haben Sie Gewinn gemacht. Dennoch bleibt das Argument vieler Kritiker, dass der

Unternehmer nur durch Hilfe der Mitarbeiter diesen Gewinn machen konnte. Und das Argument ist nicht falsch. Der Arbeitnehmer hat sich entschieden, keine unternehmerischen Risiken einzugehen. Stattdessen wählt er geregelte Arbeitszeiten, ein fixes Gehalt und soziale Absicherung. Er tauscht diese Garantien gegen eine Entlohnung, die unterhalb derer vieler Unternehmer liegt. Garantien haben immer einen Preis. Dennoch müssen Unternehmer im Hintergrund weit mehr tun, als nur ein Produkt herzustellen oder eine Dienstleistung anzubieten. Sie müssen sie vermarkten, sich gegen die Konkurrenz durchsetzen, jeden Monat ausreichend Verkäufe machen, um die Kosten zu decken, die Produkte verbessern und die Markenbotschaft entwickeln, für die Einhaltung der gesetzlichen Vorgaben einstehen, Rechtsstreitigkeiten führen und so vieles mehr. Zu behaupten, ein Arbeitnehmer helfe, eine Ware herzustellen, und habe somit Anspruch auf dieselbe Entlohnung wie der Eigentümer, ist kindisch.

Dennoch können auch Arbeitnehmer ihr Gehalt verhandeln. Je knapper das Angebot an Arbeitskräften, desto höher können die Löhne steigen. Und jeder Arbeitnehmer kann seinen Wert für das Unternehmen ausrechnen und auf dieser Basis verhandeln. Ist er nicht mehr zufrieden mit dem Verhandlungsergebnis, kann er ein Unternehmen finden, das bereit ist, mehr zu zahlen. Es gibt eine weitere Möglichkeit, mit derselben Tätigkeit sogar ein Vielfaches zu verdienen. Freiberufler tauschen zwar auch Leistung gegen Geld, aber übernehmen ihr eigenes soziales Risiko und verzichten auf viele Rechte. Sie schreiben eine Rechnung, statt eine Gehaltsabrechnung zu erhalten. Das honoriert der Markt mit einem sehr viel höheren Lohn.

Zusammengefasst lässt sich sagen: Wer das Risiko trägt, trägt auch das größere Stück vom Kuchen nach Hause. Der Egoismus ist tief in uns Menschen verankert und sorgt für Ausgleich. Arbeitnehmer setzen nicht ihre Existenz aufs Spiel, Unternehmer tun es. Würde die Belohnung für dieses Risiko ausbleiben, würde es keine Unternehmen mehr geben – und damit auch keine Wirtschaft. Nicht nur die Arbeitsplätze würden verschwinden, auch alle Produkte und Dienstleistungen würden verschwinden. Und wenn der Arbeitnehmer noch mehr will, als es betriebswirtschaftlich möglich ist, muss er die Seiten wechseln und selbst Unternehmer werden – oder mindestens Freiberufler. Wer Garantien aufgibt, hat die Chance auf größeren Gewinn.

Es gibt ein weiteres Missverständnis in Bezug auf *fette* Gewinne, die Unternehmer sich angeblich einstreichen: Nur weil das Unternehmen (etwa eine GmbH) Gewinn macht, hat nicht der Unternehmer die Gelder auf seinem Konto. Das Gesetz fordert eine strikte Trennung zwischen Gesellschaft und Gesellschafter. Das Geld ist sozusagen immer gefangen im Unternehmen. Der Unternehmer hat nur Zugriff darauf, wenn a) die Gesellschafterversammlung entscheidet, Gewinne auszuschütten und b) das Geld dann auf das private Konto des Unternehmers fließt. Dann fallen automatisch Einkommensteuer und weitere Steuerarten an. In dem Moment ist der Unternehmer genauso *gestraft* wie jeder andere Arbeitnehmer.

Der Mythos Mut

Um Unternehmer zu werden, brauchen Sie nicht zwangsweise Mut. Denn Mut würde voraussetzen, dass Sie ein großes Risiko eingehen, das schwer kalkulierbar ist. Bei einigen Unternehmungen, insbesondere bei sehr großen, ist Mut also unabdingbar. Anders sieht es hingegen aus, wenn Sie zum Beispiel nur ihre eigene Zeit oder Leistung verkaufen, in einem Markt sind, der nicht gesättigt ist und Materialeinsatz zum Beispiel per Vorauszahlung vom Kunden beglichen wird. Faktisch gehen Sie nun keine Risiken ein und benötigen entsprechend auch keinen Mut. Sind Sie also ein Gärtner, der in einem Ort seine Leistung anbietet, der keine Gärtner hat, die Nachfrage danach aber groß ist, gehen Sie keinerlei Risiken ein. Insbesondere, wenn Sie mit Anzahlungen oder Vorauszahlungen arbeiten. Wie viel Risiko Sie letztendlich eingehen möchten, bleibt Ihre persönliche Entscheidung. Bergsteiger-Legende Reinhold Messner sagte mir hierzu einst: »Das Leben an sich ist ein Risiko. Und es endet mit dem Tod. Vielleicht ist der Alpinismus in diesem Zusammenhang etwas Gesundes. Er lässt uns früh erkennen, dass das Leben begrenzt ist. Wenn ich weiß, dass es begrenzt ist, kann ich viel intensiver leben. [...] Die Selbstbestimmung ist mir das Heiligste im Leben.«[16]

*

Trotzdem ist klar: Es bleibt ein großer Schritt, selbst Unternehmer zu werden. Aber warum eigentlich nicht? Und warum eigentlich nicht Sie? Für Tobias Beck, einer der erfolgreichsten Speaker Europas war das der entscheidende Satz, der ihn zu Beginn seiner Karriere dazu motiviert hat, loszulegen: »Warum nicht DU?«

*

Tobias Beck bereiste als ehemaliger Flugbegleiter die Welt und betreute Stars wie Michael Jackson in der First Class. Erst viel später wurde er selbst zum Star. Als Erfolgscoach tourte er durch Europas Stadthallen und Stadien und schrieb Bestseller. Sein Podcast verzeichnete über 23 Millionen Downloads.

Warum nicht DU?

Von Tobias Beck

Ich bin überzeugt, dass jeder Mensch mit einem einzigartigen Geschenk auf die Welt kommt – der Möglichkeit, die Welt ein wenig besser zu hinterlassen, als wir sie vorgefunden haben. Ich glaube fest daran, dass niemand dieses Geschenk zufällig erhält. Der Moment, in dem wir erkennen, worin unsere besondere Stärke liegt, ist der Moment, in dem wir stundenlang voller Begeisterung über ein Thema sprechen könnten. Dieses Thema fasziniert uns so sehr, dass es andere mitreißt und inspiriert. Der magische Augenblick, in dem sich unser Denken vom *Ich* zum *Wir* wandelt, ist der Wendepunkt zum Unternehmertum. Es ist dieser Übergang, in dem wir beschließen, etwas Größeres zu erschaffen – eine Vision, die andere mit uns teilen und welche die Welt nachhaltig beeinflusst.

Die größte Herausforderung für viele Menschen besteht darin, ihr persönliches Geschenk zu entdecken, sich selbst die Erlaubnis zu geben, diese Begeisterung zu teilen, und den Mut zu fassen, andere davon zu überzeugen. Oft glauben wir, dass es niemanden gibt, der unsere Vision mitträgt. Doch genau das ist ein Trugschluss. Unternehmertum bedeutet für mich, das eigene Licht auf andere zu übertragen und ihnen den Weg zu zeigen.

Ein Satz meines Mentors hat mir einst verdeutlicht, warum Unternehmer die Zukunft gestalten, während viele anderen unsicher im Nebel tappen. Der Satz lautet: »Es gibt etwas, das du so gut machst, dass Menschen bereit wären, dafür zu zahlen, dir bei der Arbeit zuzusehen.« Wenn wir das, was wir tun, mit so viel Hingabe, Liebe und Tiefgang ausführen, dass es andere ansteckt, dann entsteht wahre Veränderung. Die erfolgreichsten Unternehmer, die ich in den letzten 20 Jahren kennengelernt habe, würden ihre Arbeit auch ohne finanzielle Vergütung tun, weil sie von ihrem Tun besessen sind. Sie formen mit ihrer Leidenschaft eine Gemeinschaft von Menschen, die inspiriert und voller Enthusiasmus in die Zukunft blickt.

Diese Form des Unternehmertums, das mutige Vorangehen, ist besonders wichtig in einem Land wie Deutschland, das durch Bürokratie, Rezession und Unsicherheit herausgefordert ist. Es gibt Menschen, deren innere Stimme lauter ist als das äußere *Theater* des Alltags. Diese Menschen schaffen Arbeitsplätze und fördern eine positive Entwicklung in unserer Gesellschaft. Sie sind der deutsche Mittelstand – Unternehmerinnen und Unternehmer, die die Verantwortung übernehmen, Veränderungen anzustoßen.

Anstatt nur Theoretiker und Kritiker zu haben, brauchen wir mehr Mutmacher, die durch ihr Handeln in anderen das Feuer der Begeisterung entfachen. Ein solches Licht blendet nicht, sondern leitet andere auf ihrem Weg. Unternehmer räumen Hindernisse aus dem Weg, ob bürokratische Hürden oder innere Zweifel. Vielleicht besteht Unternehmertum auch darin, aus den Steinen, die einem in den Weg gelegt werden, Brücken zu bauen, um den Weg für andere ein wenig leichter zu machen.

Wenn du dich dazu entschließt, Unternehmerin oder Unternehmer zu werden, hast du die Verantwortung, anderen zu zeigen, wie es geht. Das erfüllt mit Sinn und Freude. Die Unternehmen, die mit dieser Begeisterung geleitet werden, sind auch die, in denen Menschen nicht kündigen – selbst in einem angespannten Arbeitsmarkt. Wenn du etwas erschaffst, das Menschen Hoffnung gibt und sie in ihrer Einzigartigkeit wertschätzt, bleiben sie.

Oft warten wir darauf, dass uns jemand bestätigt, dass wir bereit sind, Unternehmer zu werden. Doch dieser Moment wird nie von außen kommen. Die Zeit, anzufangen, ist jetzt. Ich sehe immer wieder, wie die Augen der Menschen leuchten, wenn ich ihnen die Geschichte erzähle, wie mein Mentor mich fragte: »Warum nicht du?« Dieser Satz hat mein Leben verändert und mir den Mut gegeben, in die Selbstständigkeit zu gehen, ungeachtet aller Hindernisse.

Jeder Unternehmer, jede Unternehmerin, die ich kenne, ist bereit, andere auf ihrem Weg zu unterstützen. Unternehmer lachen nicht über andere, die sich selbstständig machen wollen; sie reichen ihnen die Hand. Viele jedoch haben Angst, ihr eigenes Potenzial auszuleben, aus Sorge, was andere denken könnten. Doch die meisten Menschen sind ohnehin zu sehr mit sich selbst beschäftigt, um über uns nachzudenken.

Unternehmertum bedeutet auch, bereit zu sein, seine Komfortzone zu verlassen und vielleicht eine Zeit lang einsam zu sein, bis man ein Netzwerk von Gleichgesinnten gefunden hat. Doch bevor du mit anderen gehen kannst, musst du lernen, mit dir selbst zu gehen. Es ist in Ordnung, wenn Freunde oder Familie deine Vision nicht verstehen – du hast dieses Geschenk bekommen, und es ist deine Aufgabe, es zu schützen und wachsen zu lassen.

Warum brauchen wir Unternehmer? Weil sie mit einer Leidenschaft vorangehen, die sie erfüllt und antreibt. Die meisten Menschen sind Zuschauer, konditioniert, das Leben anderer passiv zu verfolgen. Doch anstatt die Zeit auf Social Media zu verbringen, könntest du deine Energie in deine eigene Vision stecken. Einige werden den Mut haben, diesen Schritt zu gehen. Sie werden sich selbst und vielleicht auch ihr Umfeld verändern.

Mit anderen Worten: Wer bist du bereit zu werden, auch wenn das bedeutet, dass dich nicht jeder mögen wird? Unternehmertum kann einsam sein. Doch es gibt Menschen, die deine Vision unterstützen und mit dir die Zukunft gestalten werden. Wenn du erfolgreich bist, profitieren alle, die an dich und deine Unternehmung glauben.

In jeder Familie gibt es jemanden, der den unternehmerischen Geist verkörpert. Warum nicht du?

11
So werden SIE Unternehmer

Warum nicht ICH? Eine Frage, die sich jeder stellen sollte. Denn ganz grundsätzlich steckt in jedem von uns das Potenzial, Unternehmer zu werden und damit zur Rettung der Welt beizutragen. Und noch etwas: Heute ist es als Unternehmer leichter als je zuvor, wirklich reich zu werden. Das sagte der Reichenforscher Thomas Druyen gegenüber der Tagesschau Onlineredaktion. Früher seien Unternehmer sehr schwer zu Reichtum gekommen, wenn sie in der Schifffahrt oder im Bergbau Unternehmen aufbauen wollten. Durch die Digitalisierung habe sich dies geändert, sagt er. »Heute ist es leichter, reich zu werden. Zum ersten Mal in der Menschheitsgeschichte ist es möglich, eine Idee zu entwickeln und dafür viel Geld beim Verkauf zu bekommen. Die Digitalisierung hat das Reichwerden demokratisiert.« Sie müssen nicht von Anfang an eine eigene Idee haben, um unternehmerisch erfolgreich zu sein. Sie können auch die Unternehmen oder Ideen anderer vertreten, dabei aber selbstständig sein. Ein paar Beispiele gefällig?

Direktvertrieb und Network Marketing

In dieser Form der Selbstständigkeit starten die meisten Menschen nebenberuflich. Es ist also bestens dazu geeignet, Erfahrungen zu sammeln, ohne direkt auf das Einkommen angewiesen zu sein. Und die Fixkosten sind nahezu null. Denn Direktvertriebe und Network-Marketing-Unternehmen bieten eine fertige Unternehmensstruktur und suchen selbstständige Vertriebspartner, die den Umsatz bewegen und daran über eine Provision beteiligt werden. Das Unternehmen hat ein fertiges Produkt (oder eine ganze Produktpalette, in der Regel bestehend aus Konsumprodukten) und eine fertige Struktur. Der Vertriebspartner sorgt dafür, dass Kunden das Produkt kaufen. In der Ausgestaltung gibt es verschiedene Wege. Der Vertriebspartner hält beispielsweise eine Produktpräsentation beim potenziellen Kunden ab. Wenn der Kunde sich für das Produkt entscheidet, kann er es (wie im klassischen Direktvertrieb üblich) direkt vom Vertriebspartner erwerben und zahlt unmittelbar an ihn. Dieser hat das Produkt vorher beim Anbieter mit einem Einkaufsrabatt gekauft und behält nun seine Gewinnspanne.

Bei Network-Marketing-Unternehmen hingegen wird es immer üblicher, dass die Bestellung direkt vom Kunden online getätigt werden kann und auch die Auslieferung über das Unternehmen erfolgt. Weil aber der Vertriebspartner den Kunden registriert hat, kann der Umsatz ihm zugeordnet werden und er erhält am Ende des Monats eine Provision. Ein zusätzlicher Vorteil liegt im Aufbau eines Vertriebspartnernetzwerks. Sie können weitere Partner in Ihre Organisation einschreiben, die ebenfalls die Produkte vertreiben möchten. Das Unternehmen beteiligt Sie mittels eines Provisionsmodells auch an deren Umsätzen. Dies kann gigantische Ausmaße annehmen. Hans und Eva Nusshold aus Österreich sind Freunde von mir. Sie waren früher Ski-Lehrer und wollten nebenberuflich ein eigenes Unternehmen aufbauen, um unabhängiger zu sein. Und der Plan ist mehr als aufgegangen. Ihre Organisation macht in Spitzenzeiten eine Million Dollar Umsatz pro Tag, an dem sie beteiligt werden. Dennoch besitzen sie keine Lagergebäude, Lkws oder Maschinen. Ihr Partnerunternehmen trägt diese ganze Last und liefert weltweit die geforderten Produkte aus. Hans und Eva benötigen nur ihr Mobiltelefon.

Franchise

Franchising überschneidet sich an manchen Stellen mit dem Konzept des Direktvertriebs. Sie benötigen auch hier keine eigene Idee, kein eigenes Produkt oder Marketingkonzept. Ein Franchise-Unternehmen wie McDonald's hat all diese Dinge bereits entwickelt und weltweit zum Funktionieren gebracht. Die Marke ist wahnsinnig stark, die Produkte ausgeklügelt, das Ladenkonzept steht und die Nachfrage nach McDonald's Burgern ist weltweit hoch. Wenn es in Ihrer Stadt noch keinen solchen Laden gibt, können Sie von der McDonald's Corporation in Chicago eine Lizenz erwerben, ein solches Geschäft in Ihrer Stadt zu eröffnen. Die Eigenkapitalanforderung liegt laut der Gesellschaft bei einer halben Million Euro. Und Sie müssen eine laufende Gebühr jährlich zahlen. Dafür stellt Ihnen das Unternehmen alles zur Verfügung, was zum Erfolg nötig ist. Sie dürfen nicht nur die Marke nutzen, sondern bekommen auch Zugang zum gesamten Wissen. Ihrer Kreativität sind aber gleichzeitig Grenzen gesetzt. Sie dürfen keine eigenen Experimente mit der Marke starten. Alles bewegt sich innerhalb strenger Richtlinien des Konzerns. Mittlerweile gibt es Tausende Franchise-Anbieter, die zum Teil natürlich um einiges günstiger zu haben sind.

Dropshipping

Bei dieser Form des Streckengeschäfts werden Sie zum Onlinehändler. Sie suchen sich einen Hersteller einer Ware, die

Sie vertreiben möchten. Nehmen wir einen coolen Getränkebecher. Wenn Sie einen Hersteller, zum Beispiel in China, finden, der bereit ist, diesen Becher herzustellen, mit Ihrem Logo zu bedrucken und direkt an die Endkundenadresse zu versenden, die Sie ihm mitgeteilt haben, sind Sie Dropshipper. Ihre Aufgabe ist es, sich eine Marke auszudenken, Werbung für Ihr Produkt zu machen und eine Website zu erstellen, über die der Kunde das Produkt bezahlen kann. Oder Sie nutzen Marktplätze wie Amazon oder eBay, um Kunden anzusprechen. Sie übernehmen also das finanzielle Risiko und müssen das Marketing machen. Ebenso sind Sie der Ansprechpartner für den Kunden, wenn eine Rücksendung oder Beanstandung besteht. Sie müssen also nicht selbst für Herstellung und Versand einstehen. Alles andere verbleibt aber bei Ihnen. Die Marge zwischen Herstellung und Verkaufspreis ist Ihr Rohgewinn. Davon müssen Sie Ihre Werbe- und Verwaltungskosten abziehen.

Affiliate-Marketing

In dieser Branche können Sie ebenfalls sehr leicht nebenberuflich tätig sein. Beim Affiliate-Marketing benötigen Sie kein eigenes Produkt und haben mit der Bestellung und der Lieferung nichts am Hut. In dieser Werbeform bieten kleine und große Marken, bis hin zu den größten Marken überhaupt, Partnerschaften an. Der Deal geht so: Ein Onlineshop bietet für bestimmte oder alle Produkte sogenannte Affiliate-Links an. Sie müssen sich als Partner registrieren, Ihre Bankverbindung und Adresse hinterlegen und bekommen für die Produkte einen personalisierten Link. Wenn Sie diesen Link, beispielsweise zu einem Fernseher, mit anderen teilen und diese über den Link tatsächlich einen Kauf tätigen, kann der Umsatz über den personalisierten Link zu Ihnen zurückverfolgt werden und Sie erhalten automatisch eine vereinbarte Provision ausgezahlt. Über die Zeit können Sie auch feste Zielgruppen aufbauen, zum Beispiel über einen Newsletter oder einen Social Media Account. Diese können Sie dann immer gezielt mit aktuellen Angeboten versorgen und Provisionen generieren.

Influencer und Creator

Dies ist die neueste Form des Unternehmertums. Die sozialen Medien haben sich in den letzten Jahren rasant entwickelt und neue Geschäftsmodelle hervorgebracht. Wahrscheinlich eher zufällig haben sich Influencer entwickelt, die mit ihrer Art zu kommunizieren oder zu unterhalten eine Gefolgschaft aufgebaut haben. Die Follower nehmen den Influencer als einen Star wahr, der bei der Meinungsbildung eine Rolle spielt. So haben sich zahlreiche Influencer in der Fitness-, Beauty- und Ernährungsszene entwickelt, die mitunter Millionen von Followern haben. Sobald ihr Star wieder etwas postet, wollen die Follower wissen, was es Neues gibt. Die Werbeindustrie hat nicht lange auf sich warten lassen und diesen Influencern angeboten, Werbung für ihre Produkte zu machen und dafür Honorar oder Provision zu erhalten. Auch die Plattformen selbst, wie beispielsweise YouTube, haben die Influencer an Werbeeinnahmen beteiligt. Je mehr Klicks, desto mehr Provisionen. Der US-Amerikaner Jimmy Donaldson begann mit 13 Jahren, einen YouTube-Kanal für Unterhaltung. Sein Künstlername MrBeast etablierte sich schnell und seine Videos wurden immer beliebter. Heute betreibt er mit 320 Millionen Abonnenten den erfolgreichsten Kanal auf YouTube und verdient pro Jahr geschätzte 80 Millionen Dollar. Ihn würde man wohl eher als Creator bezeichnen, also einen Produzenten. Denn seine Videos sind sehr aufwändig und hochwertig. Er plaudert also nicht wie ein Influencer mit seinen Fans, sondern produziert regelrechte Unterhaltungsshows. Neben seinen Provisionen für Werbeeinnahmen hat er auch eigene Produkte entwickelt, die er seinen Fans verkauft. Wer eine Zielgruppe besitzt, besitzt in der Wirtschaft auch die Macht.

Handelsvertreter und Makler

Der Vertreter und der Makler können zwar selbstständig sein, besitzen aber das Produkt nicht, das sie verkaufen. Sie können also nicht als Händler oder Vertriebspartner gesehen werden, sie arbeiten nicht auf eigene Rechnung. Nehmen wir an, Sie vertreten einen Schrauben- und Werkzeughändler. Sie können nun auf Handwerksbetriebe und Autohäuser zugehen und ihnen anbieten, die Produkte Ihres Anbieters zu kaufen. Vielleicht können Sie mit besonders guten Preisen oder einer hohen Qualität punkten. Wenn der Kunde sich dafür entscheidet, einen Auftrag zu platzieren, leiten Sie diesen an den Händler weiter. Der muss nun die Zahlungsabwicklung und die Lieferung erledigen. Er übernimmt auch die komplette Haftung. Sie erhalten für die Vermittlung eine Provision.

Ähnlich ist es im Maklergeschäft. Wenn Sie zum Beispiel Immobilienmakler sind, haben Sie keine eigenen Produkte. Sie vermitteln ein Geschäft zwischen einem Eigentümer und einem Käufer. Sie können als Makler auf einen Hausbesitzer zugehen und ihn fragen, ob er sein Haus verkaufen möchte. Wenn er Sie mit dem Verkauf beauftragt, vertreten Sie ihn ab diesem Moment. Er hat seinen gewünschten Preis genannt, zum Beispiel 350.000 Euro. Die Maklergebühr im Immobiliensektor liegt üblicherweise bei rund 7 Prozent. Je nach Vereinbarung und Bundesland wird die Provisionssumme zum Teil vom Eigentümer und zum Teil vom Käufer bezahlt. Wenn Sie also einen Kunden für das Haus gefunden haben, bringen Sie beide beim Notar zusammen und vermitteln den Kauf zwischen beiden Parteien. Sie haben mit dem Geldfluss nichts zu tun. Sie schreiben bei erfolgreichem Abschluss lediglich Ihre Provisionsrechnung in Höhe von 24.500 Euro an die Parteien.

Nachfolge-Unternehmer

In diese Rolle schlüpfen oft Angestellte, die sich in einem Betrieb sehr verdient gemacht haben und zum Beispiel eine Führungsposition innehatten. Wenn der Firmeninhaber in den Ruhestand gehen möchte und sich niemand anderes findet, der den Betrieb erben oder kaufen möchte, kann der Inhaber auf Mitarbeiter zugehen und ihnen das Unternehmen anbieten. Der Vorteil liegt auf der Hand. Langjährige Mitarbeiter identifizieren sich mit dem Unternehmen und kennen die Abläufe auswendig. Beziehungen mit Zulieferern wurden lange aufgebaut, man kennt die Belegschaft. Wenn der Angestellte den Kaufpreis finanzieren kann, zum Beispiel über ein Bankdarlehen, wird der bisherige Inhaber ausgezahlt und verlässt das Unternehmen. Wenn der Mitarbeiter den Kaufpreis nicht aufbringen kann, kann der Betrag auch als Gewinnbeteiligung über einige Jahre an den bisherigen Inhaber ausgezahlt werden, ohne dass dieser weiter im Unternehmen tätig ist.

Freiberufler und Selbstständige

Diese Berufsgruppe verkauft ihre Arbeitsleistung an Kunden und ist dabei in der Regel allein. Sie sind die Einzelkämpfer der Wirtschaft, selbst und ständig. Dennoch beginnen die meisten Unternehmer in dieser Position. Es ist der Wechsel vom Angestelltenverhältnis hin zum Unternehmertum. Sie haben also keinen Chef mehr und sind für Ihren Lebensunterhalt allein verantwortlich. Sie üben zwar einen klassischen Beruf aus, bestimmen aber nun selbst über Ihren Tag und Ihren Lohn. Sind Sie also Klempnermeister und machen sich selbstständig, gehen Sie mit Ihrem Werkzeugkoffer zu Kunden, die Sie beauftragen, und erledigen Ihr Tagewerk. Den Preis mit dem Kunden vereinbaren Sie selbst. Sie sind selbst für Ihre Steuern und Versicherungen verantwortlich. Das erledigt nun kein Arbeitgeber mehr für Sie. Auch, dass der Kunde seine Rechnung wirklich zahlt, liegt nun in Ihrer Verantwortung. Sie tragen das wirtschaftliche Risiko. Ebenso haften Sie für das, was Sie anrichten. Aber Sie können aus Ihrem Einzelkämpferbetrieb einen Weltkonzern machen, wenn Sie möchten. Ihrer Kreativität sind hier keine Grenzen gesetzt. Wenn Sie nämlich nicht nur von Ihrer eingesetzten Zeit abhängen wollen, bauen Sie Ihre Selbstständigkeit aus zu einem Betrieb. Optimalerweise haben Sie die Zeit der Selbstständigkeit genutzt, um Kapital aufzubauen. Dann sind Sie nicht von Fremdkapital abhängig, um beispielsweise Betriebsausstattung zu kaufen. Bootstrapping nennt sich dies auf Neudeutsch. Sie schaffen es aus eigener Kraft.

Gewerbebetrieb und Kapitalgesellschaft

Zugegeben, vor dem Finanzamt sind Sie auch als selbstständiger Klempner bereits Gewerbetreibender. Sie arbeiten schließlich auf eigene Rechnung, Sie betreiben es stetig (also nicht einmalig) und haben die Absicht, Gewinne zu machen. Das reicht für die Einstufung als Gewerbebetrieb. Dennoch arbeiten Sie vielleicht aus Ihrer Garage heraus, was nicht dem klassischen Bild eines Betriebes entspricht. Offiziell ist das übrigens in den meisten Ländern verboten, so auch in Deutschland, Österreich und der Schweiz. Eine Garage ist zweckgebunden und darf nur für übliche Zwecke wie das Abstellen von Auto und Fahrrad genutzt werden. Ein Sportgerät aufzustellen oder gar eine Firma darin zu betreiben, ist offiziell verboten und kann bestraft werden. Willkommen im Bürokratie-Dschungel. Sämtliche Erfolgsgeschichten aus der Garage heraus waren also eigentlich illegal. Hier sehen Sie aber schon: Ganz ohne Regelbruch geht es tatsächlich nicht. (Dies ist kein Aufruf zu Straftaten, denn auch das ist gesetzlich verboten). Dennoch müssen Sie sich immer der möglichen Konsequenzen bewusst sein, denn Sie tragen nun die komplette Verantwortung. Ein »wusste ich nicht« hilft Ihnen vor Gericht nicht. Aber um kalkulierte Risiken kommen Sie nicht umhin.

Als echter Gewerbebetrieb und später als Kapitalgesellschaft wollen Sie skalieren, also um ein Vielfaches größer werden. Das schaffen Sie mit Kapitaleinsatz, Mitarbeitern und größeren Absatzmöglichkeiten. Wenn Sie eine Dienstleistung wie Klempnerarbeiten im großen Stil anbieten, bleibt Ihnen nur eine Möglichkeit: Sie leasen oder kaufen mehrere Autos, stellen weitere Klempner ein, rüsten sie mit Werkzeug aus und schicken sie zu den Kunden, die Sie als Chef an Land ziehen. Statt nur undichte Rohre zu reparieren, können Sie nun auch neue Waschbecken und Heizungen verkaufen und somit nicht nur Arbeitsstunden abrechnen, sondern auch Gewinnmargen an Produkten verdienen. Und schaffen sich damit auch eine neue jährliche Einnahmequelle, denn die Geräte müssen ja instand gehalten werden. Das Beispiel eines Klempnerbetriebes ist eher simpel, denn es bedient eine enorme Nachfrage im Markt. Sie finden kaum einen solchen Betrieb mit freien Terminen. Sie sind ständig ausgebucht.

Anders ist es, wenn Sie ein neuartiges Produkt auf den Markt bringen oder eine Leistung, die nicht so stark oder nur von einer kleinen Zielgruppe nachgefragt wird. Hier ist ein sehr viel höherer Grad an Kreativität und Vertriebsaufwand nötig, um erfolgreich zu werden. Plump ausgedrückt ist es leichter, bei einem Hausbrand Wasser zu verkaufen, als einem Eskimo einen Kühlschrank. Wenn kein dringendes Verlangen nach Ihrem Produkt besteht, wird es schwer. Aber oftmals liegen hier die größten Gewinnpotenziale. Gottlieb Daimler war anfangs nicht besonders von seinem künftigen Erfolg überzeugt, als er sagte: »Die weltweite Nachfrage nach Kraftfahrzeugen wird eine Million nicht überschreiten – allein schon aus Mangel an verfügbaren Chauffeuren.« Und tatsächlich mussten sich die selbstfahrenden Kraftfahrzeuge erst über Jahrzehnte gegen die üblichen und vergleichbar billigen Pferde als Fortbewegungsmittel durchsetzen. Belohnt wurde der Unternehmer mit einem der größten Automobilkonzerne der Welt. Seinen ersten Motor entwickelte er übrigens mit Wilhelm Maybach. Carl Benz kam erst später. Was uns zur Kapitalgesellschaft bringt. Irgendwann, eher früher als später, wird es für Sie Sinn ergeben, nicht mehr Einzelunternehmen oder Personengesellschaft zu sein, sondern Kapitalgesellschaft. Einerseits ist sie haftungsbeschränkt, Sie riskieren also nicht mehr Haus und Hof. Andererseits sind Sie flexibler, Gesellschafteranteile zu handeln. Zudem wird eine Kapitalgesellschaft steuerlich bessergestellt.

Investor

Wenn Ihnen selbst die Ideen fehlen oder Sie nicht so flexibel sind, bis in die Nacht zu arbeiten, können Sie als Investor auftreten. Sofern Sie ein wenig Geld haben natürlich. Aber es muss gar nicht so viel sein. Nehmen wir an, Sie waren ein sparsamer Mensch oder haben etwas geerbt, dann können Sie Ihr Geld als Firmenkapital zur Verfügung stellen und dafür

Unternehmensanteile erhalten. Die Anteilsgrößen sind insbesondere bei neuen Firmen frei verhandelbar. Wenn Sie also großes Potenzial in einem Unternehmen sehen, dieses aber dringend Geld für Wachstum oder Produktentwicklung benötigt, können Sie anbieten, einen gewissen Prozentsatz der Firmenanteile für Betrag X zu kaufen. Und das können nur 5000 Euro sein. Je nachdem, um was für ein Unternehmen es sich handelt. Nehmen wir in diesem Beispiel an, Sie verfügen über ein Vermögen von 50.000 Euro, könnten Sie sich an zehn solcher Firmen beteiligen. Sie wären professioneller Investor. In der Hoffnung, dass ein oder zwei dieser Unternehmen eine Erfolgsgeschichte hinlegen und Ihre Anteile wertvoller werden. Wären Sie damals Investor bei Gottlieb Daimler und Carl Benz gewesen, hätte sich das sicher rentiert. Aber auch hier ist langer Atem angesagt. Kennen Sie Ronald Gerald Wayne? Wahrscheinlich nicht. Er hielt 10 Prozent einer sehr jungen und unbedeutenden Firma namens Apple Computer. Der Wert seiner Anteile war gerade mal 800 Dollar. Er wollte aussteigen und verkaufte seine Anteile an die beiden Gründer Steve Jobs und Steve Wozniak für zusätzliche 1500 Dollar. Heute wären seine Anteile weit über 200 Milliarden Dollar wert. Als Investor kann man also viel verdienen, wenn man einen langen Atem mitbringt.

12
Die zehn Regeln zum Erfolg

Jeder, der sich im Laufe seines Lebens dazu entscheidet, Unternehmer zu werden, wird davon profitieren, wenn er auf einen gewissen Grundsatz an Regeln und Leitmotiven zurückgreifen kann, die ihm den Weg zum Erfolg erleichtern können. In den letzten 20 Jahren habe ich mit Hunderten Millionären und Super-Erfolgreichen gesprochen und zehn Grundregeln gefunden, bei denen ich der Meinung bin, dass sie jedem Unternehmer in seinem Schaffen weiterhelfen werden. Natürlich sind diese zehn Regeln kein geheimer Code, der automatisch zu großem finanziellem Erfolg verhilft. Doch wenn Sie sich die Regeln zu Herzen nehmen, können Sie Ihre Erfolgschancen zumindest um ein Vielfaches steigern. Aus diesem Grund habe ich mich dazu entschieden, das letzte Kapitel dieses Buches diesen zehn Regeln zu widmen: meinen zehn Regeln zum Erfolg!

Seien Sie leidenschaftlich!

Ein Rat, den ich Menschen gerne mit auf den Weg gebe: Tun Sie, was Sie lieben. Wenn Sie Ihrer Leidenschaft nachgehen und etwas tun, wofür Sie brennen, ist das die beste Voraussetzung für nachhaltigen Erfolg. Deshalb fragen Sie sich: Was bedeutet Ihnen so viel, dass alles andere im direkten Vergleich nebensächlich erscheint? Was ist Ihnen so wichtig, dass Sie niemals darauf verzichten würden? Wenn Sie diese Fragen für sich beantworten können, wissen Sie, was Ihr Lebensinhalt ist – und diesen sollten Sie mit Leidenschaft verfolgen. Und denken Sie daran: Der einzige Mensch, dessen Erwartungen Sie erfüllen müssen, sind Sie selbst. Dieser Gedanke kann helfen, wenn Sie gerade dabei sind, Ihre Leidenschaft zu Ihrem Lebensmittelpunkt zu machen. Er kann dabei helfen, konsequent zu Ihren Werten und Idealen zu stehen und sich von Menschen zu trennen, die Ihre Leidenschaft nicht akzeptieren oder Ihnen beim Ausleben Ihrer Leidenschaft sogar im Weg stehen. Wie weit Sie es bringen können, wenn Sie mit Leidenschaft bei der Sache sind, zeigt die Geschichte von Ralf Dümmel, erfolgreicher Unternehmer und Juror bei *Die Höhle der Löwen*. »Ich habe nie geplant, Unternehmer zu werden. Ich wollte Spaß bei der Arbeit und Erfolg haben. Ich hatte durch meinen damaligen Ziehvater, der DS Produkte gegründet hat, eine Möglichkeit bekommen.«[17]

Seien Sie entscheidungsfreudig!

Wer erfolgreich sein will, muss Entscheidungen treffen. Entscheidungen, die oftmals mit Emotionalität und Verbindlichkeit zusammenhängen. Das beginnt schon bei der ersten Entscheidung, die Sie auf Ihrem Weg zum Erfolg treffen müssen: Die Entscheidung, welchen Pfad Sie einschlagen. Diese Entscheidung ist eine sehr wichtige, die Sie mit voller Überzeugung und Konsequenz treffen sollten. Denn Sie können nicht ewig auf mehreren Pfaden gleichzeitig wandeln. Ein Top-Stürmer kann nicht gleichzeitig ein Top-Torhüter sein. Anstatt also auf mehreren Hochzeiten gleichzeitig zu tanzen, sollten Sie sich für einen Weg entscheiden und Ihre gesamte Energie in diesen Weg investieren. Es mag zwar stimmen, dass viele

Wege nach Rom führen – doch um auf einem dieser Wege nach Rom zu gelangen, müssen Sie erstmal wissen, was Ihr eigenes Rom überhaupt ist. Und dieses Wissen erwächst nur aus einer bewussten Entscheidung.

Seien Sie mutig!

Im Kapitel zu den Mythen rund um das Unternehmertum habe ich geschrieben, dass es ein Mythos ist, dass Unternehmer immer mutig sein müssen. Dazu stehe ich auch. Allerdings kann Mut grundsätzlich ein gutes Instrument sein, um einem möglichen Gegner Ihres Erfolgs entgegenzusteuern: Angst. Bei vielen Menschen entsteht Angst, wenn sie mit Ungewissheit konfrontiert werden. Wenn sie nicht wissen, was eine bestimmte Situation für sie bereithält. In solche Situationen können Sie als Unternehmer ebenfalls geraten. Und dann wird eine kleine Portion Mut Ihnen dabei helfen, sich auf die ungewisse Situation einzulassen und durch überlegtes Handeln das Beste aus ihr zu machen. Das ist es, was ich mit »Seien Sie mutig!« meine: Haben Sie keine Angst. Lassen Sie sich bewusst auf ungewisse Situationen ein, handeln Sie überlegt und wägen Sie Chancen und Risiken ab.

Stellen Sie sich Herausforderungen!

Wenn wir sowieso schon über das Thema Angst sprechen: Viele Menschen haben Angst vor Herausforderungen. Angst davor, zu scheitern. Ich denke, dass das unbegründet ist. Herausforderungen sind nicht dazu da, um Angst vor ihnen zu haben. Sie sind dafür da, angenommen zu werden. Wladimir Klitschko hat mir einmal gesagt, Angst mache wach (ist also etwas Gutes) und Herausforderungen sollte man stets annehmen. Der Vorteil seiner Denke ist, dass man gleichzeitig die Kontrolle über die Situation zurückgewinnt. Auch vermeintliche Niederlagen sind wichtig, um auf lange Sicht von ihnen zu profitieren. Um aus ihnen zu lernen. Um besser und klüger zu werden. Durch Probleme und Misserfolge entsteht Druck – und dieser Druck ist es, der wie bei der Entstehung eines Diamanten das Wertvolle stärker zusammenpresst. Dieter Bohlen sagte mir hierzu einmal: »Vor Modern Talking habe ich bestimmt schon 100 Platten gemacht, die einfach nicht so gut gelaufen sind. Wenn du nachhaltig erfolgreich sein willst, musst du zehn, zwanzig Jahre etwas dafür tun. Du musst irgendwas können, was du besser kannst als die anderen. Sonst gibt es dafür kein Geld. Mein zweiter Hit mit Modern Talking hieß ja *You Can Win If You Want*. Da glaube ich total dran. Wenn man ganz hart für eine Sache arbeitet, wirklich total an sich glaubt und sich durch nichts und niemanden davon abbringen lässt, dann kann es klappen. Eines gebe ich zu: Ein bisschen Glück brauchst du schon. Du musst irgendwann zur richtigen Zeit am richtigen Ort sein.«[18]

Leben Sie authentisch!

Es gehört sehr viel Mut dazu, man selbst zu sein. Viel zu oft versuchen wir, uns anzupassen und anderen zu gefallen. Die Gründe hierfür sind evolutionsbiologischer Natur. Als Herdentiere ist die Angst, vom Rest der Herde verstoßen zu werden, tief in uns verankert. Heutzutage werden Menschen jedoch vor allem eins, wenn sie Angst haben, ihr wahres Gesicht zu zeigen: unglücklich. Es macht uns unglücklich, wenn wir nicht wir selbst sind. Deshalb: Seien Sie authentisch und vertreten Sie Ihre eigene Meinung. Es ist ein Privileg, eine eigene Meinung zu haben. Das bedeutet jedoch nicht, dass Sie allen anderen prinzipiell widersprechen und nur Ihre eigene Meinung gelten lassen müssen. Es bedeutet lediglich, dass Sie Ihre Meinung vertreten und trotzdem Meinungsdifferenzen aushalten. Dass Sie wissen, wer Sie sind und sich nicht von anderen beeinflussen lassen. Das ist es, was Authentizität ausmacht. Und diese Art von Authentizität wird Sie auch als Unternehmer voranbringen.

Lernen Sie, mit Geld umzugehen!

Es gibt kaum etwas, das uns heutzutage so sehr beschäftigt wie Geld. Das hat gute Gründe. Geld bestimmt nämlich zu weiten Teilen darüber, wie wir unser Leben gestalten können. Ihr Wohnort, die Einrichtung Ihrer Wohnung, die Schulbildung Ihrer Kinder, und, und, und ... All diese Dinge sind davon abhängig, wie viel Geld Sie verdienen – und wie gut Sie damit umgehen können. Geld allein mag zwar gemäß dem vielzitierten Sprichwort nicht glücklich machen – es wird Ihnen aber definitiv dabei helfen, ein sorgenfreies Leben führen zu können. Martin Kind, Geschäftsführer von Kind Hörgeräte und langjähriges Gesicht von Hannover 96, brachte die Rolle von Geld für ein Unternehmen mir gegenüber sehr treffend auf den Punkt: »Geld hat für mich maximal eine Bedeutung: Dass ich eine gewisse Freiheit und Unabhängigkeit erreichen konnte. Geld an sich war aber nie der Motor für mich. Für mich war der Motor immer die erfolgreiche Entwicklung des Unternehmens.«[19] Geld, Freiheit und Unabhängigkeit – diese drei Komponenten gehören unweigerlich zueinander. Es macht also Sinn, den eigenen Umgang mit Geld zu hinterfragen und – wenn nötig – zu verändern. Das kann leichter geschehen, als Sie glauben mögen. Jeder von uns hat nämlich so etwas wie eine Software, die automatisch anspringt, wenn es um Geld geht. Diese Software können Sie sich wie eine Programmierung vorstellen, die auf ihren Erfahrungen basiert und ihr gesamtes Verhalten in Bezug auf ein bestimmtes Thema steuert. Eine solche Software haben wir auch für andere Themen, beispielsweise für Liebe, Gesundheit oder Beziehungen. Sollten Sie merken, dass Ihre Programmierung Sie in einem dieser Bereiche nicht ans Ziel bringt, sollten Sie diese Programmierung ändern. Gelingt Ihnen das bei Ihrer Programmierung zum Thema Geld, werden Sie das auch schnell auf Ihrem Konto merken. Außerdem gilt: Wer gut mit Geld umgehen kann, überlebt auch Krisenzeiten. Ein Beispiel hierfür stellt Modedesigner Philipp Plein dar, der mir in einem Gespräch Folgendes über seinen Umgang mit der Corona-Krise erzählte: »Wir haben noch großes Wachstumspotenzial und können den Mitbewerbern weitere ›Krümel‹ abnehmen. Wir sind in den 25 Jahren organisch gewachsen – das ist gesundes Wachstum. Viele Mitbewerber sind auf Steroiden – vollgepumpt mit Venture Capital, Krediten oder haben einen IPO (Initial Public Offering, Börsengang, Anm. d. Red.) gemacht. Mit solchem Fremdkapital können die ihr Wachstum natürlich viel schneller vorantreiben. Mit Geld kann man sich Umsatz kaufen. Wir hingegen ernähren uns vegan und wachsen gesund. Das dauert viel länger. Aber dafür ist es echte Kraft, keine aufgeblähte. Also – nach 25 Jahren ist man entspannter. Wir haben nach Covid aber auch gemerkt, wie stark wir wirklich sind. Für uns war es ein Fitnesstest. Man sagte bei Covid, es trifft besonders die Kranken und Schwachen. Auch bei den Unternehmen war das so. Wir hatten 90 Millionen Umsatz verloren, weil wir Geschäfte nicht aufmachen durften. Einen Teil der Umsatzverluste konnten wir online ausgleichen, aber nicht komplett ersetzen. Aber obwohl wir 90 Millionen Umsatz verloren hatten, haben wir 10 Millionen EBTA (Earnings Before Taxes and Amortization, Anm. d. Red.) gemacht. Was ich nicht gedacht hätte am Anfang des Jahres. Ich hatte gedacht: Jetzt verlieren wir alles. Ich hatte Angst, dass wir verlieren, für das wir, für das ich so lange gearbeitet habe. Die Regierung sagt, du darfst das Geschäft nicht aufsperren, aber sie sagt nicht, du musst deine Miete nicht bezahlen. Es gab kaum einen Vermieter, der nicht auf seine Miete bestand. Es waren vielleicht ein paar, die dir eine Minderung gegeben haben. Aber du musstest zahlen. Wir haben hohe Mieten. Wir zahlen an gewissen Standorten 350.000 im Monat. Mailand kostet 180.000 Miete im Monat. Wenn das Geschäft nicht 600.000 bis 700.000 Umsatz generiert im Monat, verlierst du richtig Geld. Das Schlimmste, was man sich als Unternehmer vorstellen kann, ist Covid. Es gibt zwar immer auch regionale Krisen wie Kriege, die dein Geschäft beeinflussen. Aber durch die Pandemie kam die ganze Welt auf einmal zum Stillstand. Und das hat uns gezeigt, wie stark wir eigentlich sind. Trotz des Umsatzeinbruchs konnten wir mit Gewinn abschließen. Das hat uns gezeigt, wir sind gesund.«[20]

Werden Sie zu einer Marke!

Es war noch nie so leicht wie heute, unsere Ideen unters Volk zu bringen und eine große Reichweite zu erzielen. Das Internet ermöglicht es uns, mit vergleichsweise geringem Aufwand eine große Menge an Menschen gleichzeitig zu erreichen – das sollten Sie ausnutzen. Am besten gelingt Ihnen das, wenn Sie polarisieren und so zu einer starken Marke werden. Denn Marken schaffen Unterscheidbarkeit. Dabei sollten Sie nicht um jeden Preis, sondern für etwas oder als etwas bekannt werden. Stellen Sie sich folgende Fragen: Wofür soll man mich kennen? Wohinter kann ich mit meinem Gesicht stehen? Wenn Sie diese Fragen für sich beantwortet haben, wissen Sie, auf welcher Basis Sie Ihre menschliche Marke aufbauen können. Doch bedenken Sie: Eine starke Marke lässt sich nicht aufbauen, wenn Sie vorgeben, jemand anders zu sein. Seien Sie Sie selbst und lassen Sie Ihre persönliche Marke auf dem Fundament Ihrer eigenen Identität entstehen! So haben es Daniela Katzenberger und Verona Pooth sehr erfolgreich umgesetzt. Keine von beiden hat sich verstellt, als sie ihre Karriere anfingen aufzubauen. Und blieben dabei. Durch ihre unterhaltsame Art und Weise gewannen sie die Herzen der Zuschauer und bauten sich darauf kleine Imperien auf. Jeder weiß, wofür sie stehen. Und wofür nicht. Diese Abgrenzung macht ihre Personenmarken so erfolgreich.

Leben Sie selbstdiszipliniert!

Was kann ein Mensch im Leben erreichen, wenn er undiszipliniert durch dieses geht? Ganz ehrlich: nicht viel. Wer ohne Disziplin durchs Leben geht, überlässt sein Glück dem Zufall – und das ist in meinen Augen eine grausame Vorstellung. Wer hingegen großen Erfolg haben möchte, sollte dazu in der Lage sein, diesen selbst zu steuern. Und das können Sie nur, wenn Sie zunächst einmal sich selbst im Griff haben. Deshalb: Eignen Sie sich ein möglichst hohes Maß an Selbstdisziplin und Selbstbeherrschung an. Diese Attribute können Sie in sämtlichen Lebenslagen bewusst trainieren. Ich selbst habe es zum Beispiel getan, indem ich an Stellschrauben wie Alkohol, Zigaretten oder Zucker gedreht habe. Und ich habe sehr schnell gemerkt, dass der Verzicht auf all diese Dinge nicht nur meiner Gesundheit, sondern auch meinem Selbstvertrauen guttat. Dasselbe gilt für Sie: Durch ein hohes Maß an Disziplin und Selbstbeherrschung machen Sie in jedem Bereich Ihres Lebens einen großen Schritt nach vorne!

Scheuen Sie sich nicht, humorvoll und sympathisch zu sein!

Viele Menschen fürchten sich davor, als Unternehmer zu locker aufzutreten, zu viel Humor und Sympathie zu versprühen. In meinen Augen ist diese Furcht unbegründet. Humor und Sympathie lassen Sie nicht schwach wirken – sie bauen Vertrauen und Zuneigung auf. Natürlich müssen Sie nicht humorvoll und sympathisch sein, wenn Sie erfolgreich sein wollen. Allerdings helfen diese Eigenschaften Ihnen ganz sicher dabei, Erfolge leichter zu erreichen. Die meisten Menschen umgeben sich nämlich gerne mit Menschen, die sie sympathisch finden – und arbeiten auch gerne mit ihnen. Eine ordentliche Prise Humor wird Ihnen außerdem dabei helfen, selbst unbequeme Erfahrungen mit der nötigen Distanz zu sehen. Wer auch in kritischen Situationen seinen Sinn für Humor nicht verliert, zeigt, dass er über den Dingen steht und sich nicht in ihnen verliert. Humor wird Ihnen auch dabei helfen, ganz ungezwungen über eigene Macken, Makel und Misserfolge zu sprechen – was auf die meisten Menschen wiederum sympathisch wirkt. Zwingen Sie sich also nicht dazu, als Unternehmer ernst und verkrampft aufzutreten. Oftmals ist es nämlich das Gegenteil, was Ihnen die größten Erfolge beschert. Einer, der aus dem Humor heraus ein beeindruckendes Geschäftsmodell gemacht hat, ist Thomas Hermanns. Zu einer Zeit, in der es Stand-up-Comedians in Deutschland schwer hatten, gründete er den Quatsch Comedy Club, um talentierten Komikern eine Bühne zu geben. Er zog erst den Fernsehsender Premiere und später ProSieben an Land, der fortan die Shows im Free-TV übertrug. Zu seiner Vision erzählte er mir Folgendes: »Ich habe während meines Studiums eineinhalb Jahre in New York gewohnt. Dort habe ich die Comedy Clubs gesehen – mit einem großen Unterschied zu Deutschland. Die hatten immer die gemischte Platte, also mehrere Acts und einen Moderator. Bei uns gab es damals nur Kabarett. Ein Mensch, 90 Minuten, schwarzer Lappen. Ich fand diese Form eines Clubs und einer gemischten Sendung viel interessanter – auch für den Zuschauer. Er sieht mehr Comedians und kann sich später immer noch einen raussuchen, den er allein sehen will. Das zweite Novum war, dass Kabarett eigentlich nur über Politik sprach und das sehr einseitig. Der schlechte Kabarettist lieferte damals einfach den imitierten Helmut Kohl am Telefon. Grauenvoll. Comedians hingegen haben Alltagsgeschichten gebracht. Mein erster Text handelte von IKEA. Die Leute konnten über sich selber lachen, weil niemand perfekt ist und die Deutschen merkten: Ich muss ja gar nicht perfekt sein. Das hat viel ausgelöst.«[21]

Lernen Sie, mit Veränderungen umzugehen!

Wir sind es aus unserem Alltag gewohnt, dass alles um uns herum einem steten Wandel unterlegen ist. Anders würde die Welt auch nicht funktionieren. Und wir müssen uns mit der Welt um uns herum verändern. Nicht umsonst wird Darwins *Survival of the fittest* heute gemeinhin mit Überleben des Anpassungsfähigeren übersetzt. Damit ist natürlich nicht gemeint, dass Sie sich – wie ein Fähnchen im Wind – bei jeder Gelegenheit um 180 Grad drehen sollten. Allerdings sollten Sie dazu in der Lage sein, aus jeder Veränderung das Beste für sich zu machen. Sie sollten Veränderungen aktiv angehen und mitgestalten, ohne Angst vor ihnen zu haben. Betrachten Sie Veränderungen und Herausforderungen als etwas Natürliches! Nur so werden Sie anpassungsfähiger und laufen nicht in Gefahr, wertvolle Zeit zu verschwenden.

Epilog

All die Theorie wird Ihnen herzlich wenig bringen, außer vielleicht ein bisschen gute Unterhaltung. Da es eines meiner Lebensziele ist, für gute Unterhaltung zu sorgen, hoffe ich, dass ich zumindest das erreichen konnte. Viel besser wäre es jedoch, wenn Sie selbst auf den Gedanken kommen, ein Unternehmen aufzumachen. Oder Sie sind bereits Unternehmer, dann können Sie sich fragen, warum Sie dort stehen geblieben sind, wo Sie derzeit stehen. Denn wir haben gelernt: Ein Ende des Wachstums gibt es nicht. Und wenn Sie tatsächlich die Sättigung des Marktes erleben, brauchen Sie Innovation, um ein neues Produkt zu schaffen, das neue Nachfrage erzeugt. Kodak wollte von seinen Filmrollen nicht ablassen und hat deshalb den Aufschwung der Digitalkameras verpasst. Wer glaubt, die Marktgesetze gelten für ihn nicht, wird eines Besseren belehrt.

Die Grenzenlosigkeit des Marktes ist Ihr Garant, dass es auch für Sie einen Platz darin gibt. Vielleicht benötigen Sie viel Geduld. Auf jeden Fall werden Sie Einsatz mitbringen müssen. Aber Sie benötigen keine außergewöhnlichen Ideen oder viel Geld, um zu starten. In jedem Fall benötigen Sie allerdings die Einstellung eines Machers. Jemand, der nicht aufgibt, wenn es gerade schwierig wird. Das Glück ist mit den Fleißigen. Unternehmer machen so lange, bis es funktioniert. Und retten die Welt.

Über den Autor

Julien Backhaus ist ein deutscher Medienunternehmer, Zeitschriftenverleger und TV-Produzent. Er wurde 1986 geboren und wuchs auf einem Bauernhof in Niedersachsen auf. Seine Leidenschaft für die Medienwelt zeigte sich schon in seiner Jugend, als er für die Lokalzeitung Kommentare verfasste und die Schülerzeitung übernahm. Während seiner kaufmännischen Berufsausbildung machte er sich 2005 mit 18 Jahren selbstständig und begann eine Marketingfirma aufzubauen. Mit Erfolg – bereits im Alter von 20 wurde er eingeladen, in der Volkswagenhalle in Braunschweig einen Vortrag vor 4000 Zuhörern zu halten. Durch die Gründung einer Medienagentur baute er sein Unternehmen aus. Die Markenrechte verkaufte er später an einen Münchner Medienkonzern. Unter neuem Namen gewann er internationale Mandate und Regierungsaufträge. Die Agentur verkaufte er später an ein anderes Unternehmen. 2011 gründete er den Backhaus Verlag für Wirtschaftsmedien. Zu den frühen Marken gehörten das *SACHWERT Magazin* und *wirtschaft tv*. Später kamen *Finanzblatt, ERFOLG Magazin* und *founders Magazin* dazu, die später als einzelne Unternehmen in einer Holding zusammengefasst wurden. Hinzu kamen Beteiligungen an weiteren Medienunternehmen im In- und Ausland. Von 2012–2019 war er nebenher als Lobbyist aktiv, da er den Vorstandsvorsitz eines Finanzverbandes in Berlin übernahm. 2017 erhielt Backhaus für sein unternehmerisches Wirken in Berlin den Change Award, die Laudatio hielt der bekannte Comedian und Schauspieler Holger Müller. 2019 wurde er vom Genius Forum in Düsseldorf zum *Man of the Year* gekürt. 2021 gründete seine Frau Eva-Maria die Backhaus Stiftung, die sich in der Tier- und Kinderhilfe engagiert. 2022 wurde sein Unternehmen vom niedersächsischen Wirtschaftsministerium ausgezeichnet. Julien Backhaus ist Autor von sechs Büchern und tritt regelmäßig in den Medien in Deutschland, Österreich und der Schweiz auf.

Anmerkungen

1 *ERFOLG Magazin* 2/2017.

2 Michael R. Strain: Gastkommentar 16.02.2024, *NZZ*, Printausgabe.

3 Catharina Bruns: Ohne Unternehmer geht es nicht, online verfügbar unter https://www.welt.de/debatte/kommentare/article254130430/Gastbeitrag-Ohne-Unternehmer-geht-es-nicht.html, zuletzt abgerufen am 04.11.2024.

4 J. Paul Getty: *How To Be Rich*, Playboy Press, 1965.

5 *ERFOLG Magazin* 2/2017.

6 *ERFOLG Magazin* 4/2022.

7 *ERFOLG Magazin* 1/2016.

8 *ERFOLG Magazin* 6/2024.

9 Bertelsmann Stiftung (Hg.): Gerechtigkeitsempfinden in Deutschland, online verfügbar unter https://www.bertelsmann-stiftung.de/fileadmin/files/BSt/Publikationen/GrauePublikationen/DZ_Studie_Gerechtigkeitsempfinden_2022.pdf, zuletzt abgerufen am 20.12.2024.

10 *ERFOLG Magazin* 1/2018.

11 Statista (Hg.): Ranking der wichtigsten Softgetränkemarken in Deutschland nach Markenbekanntheit im Jahr 2023, online verfügbar unter https://de.statista.com/statistik/daten/studie/1358410/umfrage/bekannteste-softgetraenkemarken-in-deutschland/, zuletzt abgerufen am 20.12.2024.

12 *ERFOLG Magazin* 1/2019.

13 Ebd.

14 Hermann Simon: *Hidden Champions – Aufbruch nach Globalia*, Campus 2012.

15 *ERFOLG Magazin* 6/2022.

16 *ERFOLG Magazin* 1/2018.

17 *ERFOLG Magazin* 2/2017.

18 *ERFOLG Magazin* 4/2019.

19 Sachwert Magazin ePaper, Nr. 18.

20 *ERFOLG Magazin* 1/2024.

21 *ERFOLG Magazin* 5/2019.